淨影慧遠思想述要

廖明活　著

臺灣　學生書局　印行

引　言

　　淨影慧遠（523－592）爲南北朝中、晚葉的著名僧人。佛教自兩漢之際（紀元前後）傳達中國，到慧遠的時代，經過五百多年的吸納和成長，開始進入成熟時期。那時佛教僧伽已經從早期由外來僧人領導、依賴統治階層和知識份子外護，發展而爲以漢裔僧衆爲主體、有廣泛民衆基礎、具有自身的政治和經濟勢力。至於在教學方面，那時主要的佛典已經譯出，中觀和瑜伽行這兩大大乘學統的教說已經先後傳入；而隨著大量義解和註疏、與及各種佛書目錄、佛法綱要、佛教史傳湧現，佛教學術傳統已經形成，從而推動了中國佛教思想的開展。這時候出現了一系列卓越的佛教學者，他們不但廣泛地註釋各種佛典，表現出過人的學養，還進而對這些佛典所說示的教理，環繞著諸如判教、二諦、佛性等當代流行的佛教思想課題，作出整理、引申和改造，形成各具特色的學說，爲日後隋唐時代各佛教學派的形成奠定基礎；而淨影慧遠乃是其中的代表者。慧遠爲在南北朝中葉至唐朝初年（六、七世紀）流行一時的地論學統的代表人物之一，更且是這學統唯一遺留大量著作的人。他撰作多種佛典義記和義疏，申述他對主要佛書的理解，並在其代表作《大乘義章》中，從地論學統所弘揚的眞心教說的觀點出發，對各重要佛教理念，作出詮釋。其中所表達的意見，不少具有新意，且廣受後人重視，經常被隋、唐各學派中人所引述，爲正面或反面教材。因此認識慧遠的教學，對認識地論學

統，以至對認識南北朝晚葉和其後中國佛教教學的發展，有一定重要性。

本書正文分七章。第一章介紹慧遠的生平和著作，爲下文討論提供扼要的背景性資料。第二章分析慧遠的心識教說。蓋慧遠所代表的地論學統，爲印度瑜伽行教學在中國早期的延展，而作爲瑜伽行教學的核心，爲其心識思想；因此慧遠的心識教說，可說是其思想主眼所在；故本書用較長篇幅，詳加申說。又慧遠在佛教教學史的最重要建樹，乃在他爲現今可知最早把眞心觀念貫徹於詮釋各佛教主要課題的學者。本書第三、四、五章，分別探討慧遠對判教、二諦、佛性這些當時廣受關注的佛教思想課題所持的意見，顯示他的教學在這方面的貢獻。還有慧遠對佛身和淨土這兩個主要大乘佛教課題的處理，亦受到後人重視，對中國佛陀思想和淨土思想的發展，有重要影響。本書第六、七兩章，分別對此作出申述。

筆者對淨影慧遠教學發生興趣，肇始於八十年代中葉，此後陸續於各中、外期刊，發表了部分研究成果，不少現在讀來多有欠妥善地方。❶現今作出修正，增入未發表部分，合爲首尾一貫的一卷，以求

---

❶ 筆者過往發表有關淨影慧遠的論文有："The Yogācāra and Madhy-amaka interpretations of the buddha-nature concept in Chinese Buddhism," *Philosophy East and West*, vol. 35 no.2（1985）; "The mind-only teaching of Ching-ying Hui-yuan," *Philosophy East and West*, vol.35 no.4（1985）;〈淨影寺慧遠的心識思想〉,《中國文哲研究集刊》第3期（1993年）;〈淨影寺慧遠的二諦觀〉,《諦觀》第73期（1993年）;〈淨影寺慧遠的判教學說〉,《中華佛學學報》第6期（1993年）;〈淨影寺慧遠的佛性學說〉,《中國文哲研究集刊》第4期（1994年）;〈淨影寺慧遠的淨土思想〉,《中華佛學學報》第8期（1995年）。

突出慧遠思想的整體脈絡，並向四方碩學乞正。又本書出版，得到香
港大學徐朗星學術研究基金資助、與及屈大成生先幫助校對和編撰索
引，謹此鳴謝。

淨影慧遠思想述要

目　次

第一章　淨影慧遠的生平和著述

　　淨影慧遠生活於南北朝時代的北方，一生經歷了北魏、東魏、北齊、北周、隋五代的更替。慧遠誕生於北魏孝明帝（515－528年在位）正光四年（523），那時北魏國勢已漸露頹象，唯佛教則在皇室的積極扶持和庶民的熱烈歸附下，達到空前隆盛。孝明帝的父親宣武帝（499－515年在位）篤好佛理，時常親自講解經論，並致力建築寺院和雕造佛像，下詔倣照北魏舊都平城（今山西省大同市東）西郊的雲岡石窟，在新都洛陽（今河南省洛陽市）南郊營造龍門石窟。及至孝明帝一代，政權掌握在太后胡氏（？－528）手裡；而胡太后是在佛教氣氛濃厚的家庭長大，其父親崇信佛法，其姑母出家爲尼，因而對佛教極具好感，在當政期內支持甚力。她在洛陽興建永寧寺，極爲壯麗，據說「中有九層浮圖一所，……舉高九十丈。上有金刹復高十丈，合去地一千尺。去京師百里，已遙見之。」❶又據史書所記，在宣武帝末年孝明帝初年的時候，僅洛陽一地便有佛寺五百所，全國多達一萬三千多所；及至北魏末年（534），洛陽寺院數目更躍升至一

---

❶　楊衒之（北魏人，生卒年不詳）：《洛陽伽藍記》卷1，《大正藏》卷51，頁1000上。

千三百餘所，全國寺院數目亦倍增至三萬餘所。❷六世紀初年北方佛教教勢膨脹的迅速，由此可見一斑。

關於慧遠生平，道宣（596－667）的《續高僧傳》卷8有頗詳細記載，❸本章敘述主要以此爲根據。慧遠原來姓李，爲敦煌（今甘肅省敦煌縣）人，後來移居上黨之高都（今山西省晉城縣東）。他幼年喪父，由叔父撫養。《續高僧傳》說他蒙叔父「提誘，示以仁孝」，又說他「七歲在學」，可見他受到叔父愛護，提供傳統儒家教育。至於慧遠皈依佛法的原委，《續高僧傳》說他「年止三歲，心樂出家，每見沙門，愛重崇敬」，似乎是生性使然。但從種種迹象看，亦很可能有外在環境因素。蓋慧遠幼年居處高都地近洛陽，洛陽佛教興旺，慧遠當受到感染。還有在武泰元年（528），亦即在慧遠五、六歲時，孝明帝不滿胡太后專權，密召當時駐兵晉陽（今山西省大同市）的秀容部落首領爾朱榮（493－530）入京，因而被胡太后毒死。繼而爾朱榮立孝莊帝（528－530在位），攻陷洛陽，殺太后，洛陽一帶自此多次捲入戰火。混亂的時局，加上無父的感傷，促使慧遠向佛教找尋慰藉。

---

❷ 有關北魏造寺風氣的盛行，參閱湯用彤（1893－1964）：《漢魏兩晉南北朝佛教史》（北京：中華書局，1983年），頁369－371。

❸ 見《大正藏》卷50，頁489下－492上。至於近人關於慧遠的生平和著作的討論，參閱藍吉富：《隋代佛教史述論》（臺北：臺灣商務印書館，1974年），頁199－203；勝又俊教：《佛教における心識説の研究》（東京：山喜房佛書林，1961年），頁665－668；橫超慧日：〈慧遠と吉藏〉，收入氏著：《中國佛教の研究》第3（京都：法藏館，1979年），頁146－154；鎌田茂雄：〈淨影寺慧遠の思想〉，收入氏著：《中國佛教思想史研究》（東京：春秋社，1968年），頁298－308。

慧遠十三歲時（約535）辭別叔父，在澤州（今山西省晉城縣東北）東山的古賢谷寺，跟隨僧思禪師出家，致力研習經義。那時北方政局出現急劇變化，北魏分裂爲東、西兩部分，在位者雖然是北魏帝室之後，實際掌權者則分別爲高歡（496－547）和宇文泰（507－556）。高歡於534年立孝靜帝（534－550年在位），把京城從洛陽遷往鄴（今河北省臨漳縣北），僧人跟從遷徙者頗衆，北方佛教中心遂由洛陽轉移到鄴。在慧遠十六歲時（約538），僧思有見他精於問學，可成大器，便吩咐他跟隨湛律師赴鄴。鄴京提供慧遠一個理想求學地方，使他得以博涉大、小二乘的經典，奠定其以大乘道爲根本的思想取向。

就在這時候，慧遠接觸到慧光（467－約536）一系的地論學。《地論》爲印度大乘佛教瑜伽行學派的創立人世親所造的《十地經論》的簡稱。《地論》在六世紀初由菩提流支和勒那摩提在洛陽譯出，揭開瑜伽行思想傳入中國的序幕；而慧光乃是勒那摩提的弟子。慧光曾參與《地論》的繙譯；勒那摩提跟菩提流支在繙譯《地論》時發生爭議，而慧光按自己的悟解，加以取捨，所以能把握《地論》的綱要。後人每稱他所開創的一系地論學爲「相州南道」，把它跟菩提流支的弟子道寵所創立的「相州北道」一系並舉。慧光除了弘揚《地論》，也重視律學，精通《僧祇律》和《四分律》。他又爲朝廷見重，出任僧官，在北魏時爲僧都，東魏初年升任僧統。慧光時望之隆，從其門下之盛可見。《續高僧傳》謂他門下的學生「翹穎如林，衆所推仰者十人，揀選行解，入室惟九。」❹這些學士不少學有所

---

❹ 《續高僧傳》卷21〈慧光傳〉，《大正藏》卷50，頁608上－中。

成，受到執政者禮遇。影響所及，在北齊至唐朝初年（六世紀中葉至七世紀中葉），地論學成爲中國佛門的顯學。

慧遠二十歲時（約542）受具足戒，正式成爲僧人。依僧律規定，受具足戒要有「十師」在場，方爲合法，當中包括傳授戒法之「戒和尚」、講授戒法的「教授阿闍梨」，主持授戒儀式的「羯磨阿闍梨」，與及七位「證明師」。據《續高僧傳》，慧遠受具足戒時「依（法）上（大）統爲和上，（慧）順（國）都爲闍梨，（慧）光師十大弟子並爲證戒」；其受戒的「十師」，均出自慧光門下。（案：法上〔495-580〕、慧順均爲慧光弟子。），反映那時慧遠已跟慧光的學統建立密切關係。

慧遠遊學的鄴城，隨著洛陽僧衆紛紛遷至，佛教欣欣向榮。東魏武定八年（550），高歡的兒子高洋接受孝靜帝禪讓即位，是爲北齊文宣帝（550-559年在位）。有北齊一代，以文宣帝在位之十年國力最盛。文宣帝崇尚佛教，大興佛寺，廣納高僧，躬自斷除肉食，屢次下詔禁止殺生；由是佛門俊彥，齊集鄴京。《續高僧傳》記述當時佛教興隆的情況，說「都下大寺，略計四千，見住僧尼，僅將八萬。講席相距，二百有餘；在衆常聽，出過一萬。」❺慧遠便是在這有利環境裡，得到適當栽培，逐漸建立他在佛教界的地位。在受具足戒後之五年（約542-547），慧遠跟從曇隱，學習《四分律》。曇隱爲慧光的大弟子，精於戒律，鄴都的人把他跟持律沙門道樂並稱，謂「律中明略，唯有隱、樂。」❻其後七年（約547-552），慧遠受業於法

---

❺　《續高僧傳》卷10〈靖嵩傳〉，同上註，頁501中。

❻　參閱《續高僧傳》卷21〈曇隱傳〉，同上註，頁608下。

上。法上早歲專研《法華》、《涅槃》諸經，後來投慧光爲師，受具足戒，精通《地論》、《楞伽經》、《地持論》等。法上由高歡的長子高澄（521－549）引薦入鄴都，其後又深受文宣帝信賴，在東魏、北齊兩代，屢次出任統師，執掌全國僧政。據說文宣帝尊他爲戒師，對待他就如事奉佛，曾敷髮於地，請他踏過。時人都說「京師極望，道場法上。」❼法上位居僧首，而他對慧遠另眼相看，首先充任其具足戒師，繼而接納他爲弟子，長期加以培育。

慧遠修學甚勤，又具有過人的分析力和洞察力，再加上法上的扶持，不久便在鄴京嶄露頭角，吸引了大量學子跟隨問學，其名字見於僧傳者，有靈燦（約549－約618）、寶儒等。《續高僧傳》在稱述鄴京佛教講壇之盛時，便特別提及慧遠，說：「每法筵一建，聽侶千餘；慧光道憑，躡跡通軌；法融慧遠，顧視爭衡」，❽可見慧遠在鄴京的佛教界頗具威望。其後他返回故鄉高都，入住清化寺；鄉鄰受他感化者不鮮，例如居於附近澤州的智徽（560－638）和玄鑒，都來到清化寺，聽他講說經論。❾

在北齊替代東魏後六年，宇文泰的兒子宇文覺接受西魏恭帝（554－556年在位）禪位，是爲北周孝愍帝（557年在位）。北周初年宇文

---

❼　參閱《續高僧傳》卷8〈法上傳〉，同上註，頁485上－中。

❽　卷15，同上註，頁548下。

❾　《續高僧傳》卷15〈智徽傳〉記智徽爲「澤州高平人也。年十三，志樂出家，不希世界，住本州清化寺，依隨遠法師，聽涉經論。」（同上註，頁541中）同卷的〈玄鑒傳〉記玄鑒爲「澤州高平人也。……十九發心，投誠釋種，……後住清化寺，依止遠公，聽採經論。」（同上註，頁542上）

護（515-572）擅權，屢興廢立，周武帝（560-578年在位）憤而殺之。周武帝英明威武，北周在他用心經營下，進入隆盛時期。至於佛教方面，北周的京城長安（今陝西省西安市西北）自晉代以來一向流行佛教；而宇文護奉佛至誠，積極鼓勵建造寺院和繙譯佛經；因此北周初年佛教一度急速發展。及至武帝掌政，推崇儒學，鄙視佛教爲胡教，對龐大僧團耗費國家大量人力物力尤爲不滿，加上受到衛元嵩和道士張賓的反佛言論鼓動，乃於572年誅殺宇文護後，開始展開連串排佛行動。及至建德三年（574）五月，他斷然下詔廢絕釋、道二教，毀壞經書佛像，迫令沙門道士還俗。次年武帝派兵討伐北齊，於建德六年（577）初攻破鄴京；而隨著北齊被兼併，北周的廢佛措施遂亦擴展至北齊。據記北齊境內的寺塔、佛像全數被破毀，還俗僧尼達三百餘萬。一時佛教在中國北方銷聲匿跡。

在北周滅佛運動開始時，慧遠已是五十多歲的佛門長者；及北周兵臨城下，北齊僧伽遭受相同滅亡命運。這一連串變局，當叫慧遠深受刺激。在面對強權壓迫，信仰受到嚴峻挑戰之際，慧遠表現出過人的勇氣，對武帝對佛教所作的種種譏評，毅然犯顏抗辯。

慧遠抗辯的過程，《續高僧傳》記述其詳。578年春天，武帝召集法上等前北齊大德五百人於殿前，親自發表廢教宣言。宣言首先頌揚儒教宣弘治國之術和禮義忠孝，是對世人有益；然後，對佛教作出責難，指出佛的眞體沒有形象，像空間一樣，對它遙表敬意便足夠了。祇因佛經誇示佛的功德，以至信徒傾財造像建寺，以爲如是可以致福。其實佛像乃無情之死物，怎能施人恩惠？這樣做徒虛耗資財而已，因此應悉數破毀所有經書佛像。還有父母恩重，而沙門不對雙親表示尊敬，這是有違倫常之道，爲國法所不能容。故應迫令他們還俗

歸家，盡孝養父母責任。

那時在座諸大德自忖君意難違，相視默然，不發一辭。唯慧遠深感信徒有護法責任，不然給人理屈印象；於是挺身而出，一一反駁武帝的斥難。

關於「眞佛無像」，慧遠確認這是事實。不過一般人囿於耳目，要透過聽聞佛經，觀賞佛像方能逐步接近眞佛；要是廢去經像，將無由激發他們敬佛之意。當武帝回應人人其實都知道眞佛，不用假借經像；慧遠反問何以在東漢明帝（57-75年在位）以前，經像未傳入中國之先，中國民衆不曉得有佛存在？又如果人可以不藉經教，自知眞理，那麼在三皇以前，未有文字之時，人便應早認識五常之理。何以遠古之人卻祇認識其母，不認識其父，與禽獸無別？

至於武帝說佛像是無情之物，禮拜它們不能致福，故應當廢去；慧遠質疑國家七廟所供奉的先王之像，又豈是有情之生物，爲甚麼卻尊事之？武帝解釋佛經所陳爲外國教法，不適合本國需要，故要廢除；而七廟則爲上代所設立之制度；言下之意是兩者不能互比。武帝並表示其實他亦不以七廟制度爲是，打算加以廢除。慧遠回應如果說外國經書不適合本土，那麼孔子之教是出自魯國，而北周領土以秦、晉之地爲核心，便也當棄之而不用。又廢除七廟，是不尊敬祖先的行爲，會破壞宗法秩序，叫五經之教無法推行，這跟武帝自己的崇儒政策矛盾。武帝辯稱魯國跟秦、晉兩國封域雖殊，但都同被一王之教化，故孔門之書跟佛經不類，不當混爲一談。慧遠回應假如同受一王教化之地方的經教便可通行，那麼印度跟中國同處閻浮提，❿同接受

---

❿　根據佛教的世界觀，世界的中心爲須彌山，其東南西北各有一大洲，其中

轉輪王化育，❶其經教便當也蒙接納。何以武帝不像尊重儒書般尊重佛書，而獨要加以排毀。

論到武帝要僧人還俗，回家事親，慧遠引用儒家「立身行道，以顯父母」的話，顯示盡孝不一定要居家。慧遠又質疑要是長侍父母跟前，方為行孝，那麼武帝為甚麼留許多家臣在身邊，叫他們長期離開雙親？武帝澄清他有讓家臣以輪流方式，回家省親。慧遠辯說佛門其實也有類似安排，僧眾於夏、冬二季隨緣修行，在春、秋二季可歸家奉親。

講到這裡，慧遠疾聲警告武帝，說他恃王力破滅三寶，是邪見人，阿鼻地獄之報應是無分貴賤，❷他寧得不畏懼？武帝聽罷勃然大怒，聲稱要是能令百姓安樂，自己受地獄之苦，也在所不辭。慧遠反詰武帝以邪見教化百姓，令他們造惡業，將來跟他一起往阿鼻地獄，何來安樂？爭辯至此，武帝自覺理屈，於是命令官員登記下到會僧眾的名字，便把他們解散。當時北周軍兵目覩慧遠抗詔，憤慨要求「粉其身骨，賣以鼎鑊」；而慧遠神氣不變，全無害怕神色。僧眾見慧遠不惜身命，捍衛佛法，均深受感動；慧光的另一弟子曇衍（503－581）在北齊時位居僧統，是慧遠的前輩，激動流涕地執著慧遠的手，稱讚他為「護法菩薩」。

慧遠的反抗雖未能動搖武帝的滅佛意向，然而慧遠沒有灰心，深

　　南方的洲名「閻浮提」。

❶　轉輪王為佛教的理想君主。他們具足佛陀所有的三十二相，能飛行空中，轉動其輪寶，統一四方，以佛法治世。

❷　阿鼻地獄為最底層的地獄，又名「無間地獄」，因為那裡的有情受苦無間斷，沒有暫樂。

信這是時運之事，佛法決不會因此消亡。由於局勢危殆，不少僧人爲了躲避官方耳目，逃匿山林。慧遠亦加入他們的行列，隱居汲郡（今河南省汲縣）的西山。在那裡努力不懈地習禪誦經，三年內讀誦《維摩經》、《法華經》各一千遍。

就在跟慧遠對辯的同年，武帝崩，宣帝（578－579年在位）立；人亡政息，佛教開始局部解禁。次年（579），宣帝傳位兒子靜帝（579－581年在位），下詔允許臣民信奉佛教，祇是仍然禁止剪髮。又於長安、洛陽兩京設立陟岵寺各一所，爲國家行道，選取昔日沙門中學德兼優者一百二十人入住；而慧遠便是其中一人。⓭越一年（580），宣帝崩，靜帝年僅八歲，武帝后父楊堅（541－604）主政。楊堅出身佛教家庭，在寺院長大，深受佛法薰陶，乃下令復行佛、道二教，至此佛教正式開禁。慧遠就在同年被安置於少林寺（位於今河南省登封縣北），充任長講。

翌年（581），楊堅受禪稱帝，改國號爲隋，是爲隋文帝。文帝以護持佛法爲己任，即位之初即著手復興佛教。當時佛教百廢待興，文帝遂普詔天下，任聽百姓出家，令民間計口出錢，營造經像；並由官方出資，在五嶽之下和戰地，建造寺院；在諸大都邑，抄寫一切經。慧遠在北齊時代早負時譽，其在北周佛法危難時的不畏強權、堅守信念的表現，更贏得大衆敬仰。由是當他在隋初移居洛陽，重新開

⓭　《續高僧傳》卷12〈寶襲傳〉提及僧休應詔，跟「遵、遠等同居陟岵。」（《大正藏》卷50，頁520上）又卷26〈明燦傳〉提到「周宣創開陟岵，慧遠率侶登之。」（同上，頁669上）可見慧遠曾入住北周宣帝在洛陽設立的陟岵寺。

講時，遠近學子望風趨赴者甚衆；其名字見於僧傳者，有慧暢、淨業（564-616）、僧昕、道嵩、智嶷多人；亦有先前北齊時代的學生，如寶儒、慧遷（約548-約626）、寶安等，也到來依附。文帝聞得慧遠盛名，敕令授予洛州沙門都的僧位。慧遠推辭不獲免，遂出任。沙門都的任務主要是監察僧衆操守，施以賞罰；慧遠在任期內，嚴格執行職責，有行爲乖法者，一律有罰無赦，由是「徒侶肅穆，容止可觀」。

文帝開皇五年（585），慧遠接受澤州千金公邀請，再回到本鄉。經過北周滅法之難，如今佛光重耀，新舊聚首一堂，不勝歡慰。同年，文帝在京城長安的大興善寺，接受菩薩戒，正式成爲佛教徒。大興善寺是文帝在開皇四年（584）所立，爲隋代首屈一指的國寺，文帝弘法事業的中心。開皇七年（587），文帝召慧遠入長安，駐錫彼寺；那時慧遠正在上黨（今山西省長治市）講學。慧遠辭謝又不獲免，遂帶同常隨弟子二百餘人，一起赴京。當時一起被召的，還有曇遷（542-607）、慧藏（522-605）、僧休、寶鎮和洪遵（530-608），都是名重一時的大德，這反映出慧遠受朝廷重視的程度。

慧遠入住大興善寺時，已過耳順之年。大興善寺俊彥雲集，有利義學交流；慧遠便是在那裡領受攝論學。《攝論》爲印度瑜伽行學派另一創立人無著所造的《攝大乘論》的簡稱；而眞諦（499-569）於564年在南方廣州（今廣東省廣州市）譯出《攝大乘論》和世親的《攝大乘論釋》，創立攝論學統，爲中國瑜伽行教學史的另一里程碑。攝論學初時主要在南方流傳，跟流傳北方的地論學平行發展；及至地論師曇遵於北周武帝滅佛時南下避難，習通《攝論》之說；後來北返，積極加以宣揚，研習《攝論》風氣遂在北方展開。《續高僧

傳‧曇遵傳》記曇遵在大興善寺講授《攝論》，提及慧遠亦在場聽受：

> 眾以《攝論》初聞，投誠請祈，即為敷弘，受業千數。沙門慧遠，領袖法門，躬處坐端，橫經稟義。❶

還提到慧遠對曇遵十分服膺，每謂：「遷禪師破執入理，此長勝我。」❶可見慧遠是於大興善寺居住時，從曇遷處聽習《攝論》，受到其薰陶。

慧遠駐錫大興善寺不久，鑒於那裡法會繁多，乃選擇天門之南大街之右，學子來往便利之處，設置寺院，名為淨影，時常在那裡講學。由是後世每稱他為淨影慧遠，以跟著名東晉僧人廬山慧遠（334－416）識別。《續高僧傳》描寫淨影寺教壇之盛況，顯示當時慧遠受學子尊崇程度，超越大興善寺諸大德：

> 於是四方投學七百餘人，皆海內英華。……雖復興善諸德，英名一期；至於歸學師尋，千里繼接者，莫高於遠矣。❶

當時習學慧遠門下者，除了跟他從洛陽一起來到長安的諸愛徒，可知者還有善冑（550－620）、淨辯（約616卒）等。

文帝開皇九年（589），隋軍滅陳，分裂了近三百年的中國，復歸統一。翌年（590），文帝延請東印度僧人達摩笈多（619卒）入住

---

❶ 卷18，同上註，頁572下。

❶ 同上註，頁574上。

❶ 《續高僧傳》卷8〈慧遠傳〉，同上註，頁491上－中。

大興善寺，繙譯衆經。開皇十二年（592）春天，文帝委任十大德沙門，監管譯事，慧遠亦在其列。**❶**那時慧遠年事已高，於同年冬天逝世於淨影寺，卒年七十。文帝得聞噩耗，罷朝致哀；又大臣李德林（531－591）同時辭世，文帝乃慨嘆「國失二寶」。

慧遠身材健碩，聲音洪亮，《續高僧傳》形容他「形長八尺，腰有九圍」，「登座震吼，雷動蟄驚」。他體魄強健，「四十年間，曾無痾疾」，把全部精神放在研經和講學上，是一典型學僧。然而他並無一些學僧之驕恣空疏之病，重視守戒，曾研習《四分律》多年；而且一生律己甚嚴，雖受歷朝君王榮寵，但始終「戒乘不緩」，所得賞賜悉數供給徒屬生活之費，自己不留分文。對於禪法，他亦甚重視。《續高僧傳》記他在鄴都時，因事務繁多，積勞成疾，憶及昔日在林慮山（位於今河南省林縣北）巡歷時所學習的禪法，**❶**於是修習數息觀數月，疾病因而痊癒；由是他在講學談到禪定時，每加以讚美，並以自己衆務纏身，無暇調心為憾。同傳又提到慧遠在北周滅佛歸隱期間「禪誦無竭」，凡此都可見慧遠在專注學解之同時，並沒有完全忽略禪修；當時間許可，便以習禪為務。

從上述慧遠的生平事蹟可見，慧遠曾先後在鄴、洛陽、長安這些北方京城講學，以其深廣的學問和高尚的人格，感召了大量學子，不

---

❶ 　參閱《續高僧傳》卷2〈闍那崛多傳〉和〈達摩笈多傳〉、及卷8〈慧遠傳〉，同上註，頁434上－中、435中、491中。

❶ 　《續高僧傳》卷16〈僧達傳〉記僧達（475－556）跟從慧光學習《地論》，接受菩薩戒，後來居於林慮山，其「禪法一門，開世殊廣」（同上註，頁553中）。慧遠學出慧光之門，其在林慮山習得的禪法，很可能是來自僧達。

少更長期跟隨他左右。在慧遠的弟子中，《續高僧傳》爲之立傳者共有十八人之多，⑲大部分是以精於義解見知於時，其中如善冑受敕出任涅槃衆主，慧遷受敕出任十地衆主，均爲當代獨當一面的義學專家。⑳又《續高僧傳》說慧遠「傳持教導，所在弘宣，並皆成誦在心，於今未絕」，並以慧遠本鄉的清化寺爲例，說那裡祖習慧遠所傳承的《涅槃經》經義，「寺衆百餘，領徒者三十，並大唐之稱首。」可見在唐初道宣撰作《續高僧傳》時候（七世紀中葉），慧遠教學的影響力猶在。

慧遠教學流傳廣遠，跟他著述豐富有關。《續高僧傳》記慧遠章疏流通者共有五十餘卷、二千三百餘紙，當中特別舉出以下九種：

(1)《地持疏》

(2)《十地疏》

(3)《華嚴疏》

(4)《涅槃疏》

(5)《維摩疏》

(6)《勝鬘疏》

(7)《觀無量壽經疏》

(8)《溫室經疏》

---

⑲ 有關慧遠的弟子，參閱藍吉富，前引書，頁205－206所列表。

⑳ 文帝於開皇十二年（592）在長安設立《大論》、講論、講律、《涅槃》、《十地》五衆，敕任衆主各一人，晝夜教習。藍吉富把這制度跟歷朝官方設立、傳授儒學的太學制度相比，說：「五衆實爲隋代專授佛家義理的國子學，而五衆衆主也就猶如太學裡的五經博士。」（前引書，頁113）

(9)《大乘義章》

從日本古經錄記載所見，慧遠的著作還有以下七種：

 (10)《法華疏》

 (11)《金光明經義疏》

 (12)《金剛般若經疏》

 (13)《金剛般若論疏》

 (14)《無量壽經義疏》

 (15)《大乘起信論義疏》

 (16)《法性論》❷❶

在這些現今可知的慧遠十六種著作中，現存者有十種：

 (1)《無量壽經義疏》二卷（見《大正藏》卷37）

 (2)《觀無量壽經義疏》二卷（見《大正藏》卷37）

 (3)《大般涅槃經義疏》十卷（見《大正藏》卷37）

 (4)《維摩義記》八卷（見《大正藏》卷38）

 (5)《溫室經義記》一卷（見《大正藏》卷39）

 (6)《大乘起信論義疏》四卷（見《大正藏》卷44）

 (7)《大乘義章》二十六卷（存二百二十二科、缺二十七科）（見《大正藏》卷44）

 (8)《勝鬘經義記》（存上卷，缺下卷）（見《續藏經》卷30）

 (9)《地持論義記》（全本十卷，存卷三下、四上、五下）（見《續藏經》卷61）

---

❷❶ 關於古籍所列舉的慧遠著作，詳參佐藤哲英：〈淨影寺慧遠とその無我義〉，《佛教學研究》第32、33號（1977年），頁98－99所列表。

(10)《十地經論義記》（全本十四卷，存前八卷）（見《續藏經》卷71）

綜觀見諸記載的十六種慧遠著作，除了(9)、(16)兩種外，都是經論的註疏。慧遠所註經共有十種，當中如《華嚴經》、《涅槃經》、《維摩經》、《勝鬘經》、《法華經》、《金剛般若經》等，都是通行於當世，普遍受到各學統所重視。慧遠所註的論共有四種；當中《地持論》、《十地經論》、《金剛般若論》是出自瑜伽行學統；《大乘起信論》相傳爲馬鳴所造，眞諦所譯，雖然自唐代以來疑僞之說紛起，迄今仍無定論，唯其跟地論學統有密切關係，殆無疑問；總之，慧遠對論書的選取，反映了他的思想背景和取向。《續高僧傳》述及慧遠諸疏的製作緣起，說慧遠「長在講肆，……隨講出疏。……並勒爲卷部，四字成句」，可見它們原來是慧遠教學的講義，經過編纂而成書；而在講義的記錄和編纂的事上，慧遠的學生很可能扮演了重要的角色。㉒亦可能有部分講義是沒有經過編纂便流通的。這便解釋了何以現存的慧遠註疏大部分在結構、語法諸方面甚統一，但亦有個別作品出現不一致的現象。㉓

㉒　《續高僧傳》卷12〈善冑傳〉便述及善冑對慧遠所造的《涅槃》文疏，作出改張和編輯。參看《大正藏》卷50，頁519中。

㉓　現存慧遠所造的諸疏的著作形式基本一致，祇有《大乘起信論》因語法跟其他疏本不類，兼且沒有像其他疏本一樣提及《大乘義章》，又出現「遠法師解」一語，因而被疑爲後人僞託。如果這裡對慧遠註疏成書過程的推測沒有錯，這些疑點便可消解。有關《大乘起信論義疏》的疑僞和其眞確性，參閱吉津宜英：〈慧遠《大乘起信論義疏》の研究〉，《駒澤大學佛教學部研究紀要》第34號（1976年）。

在經論註疏以外，慧遠還有《大乘義章》和《法性論》兩種著述；後者早已亡佚，前者乃公認爲慧遠的代表作，是研究慧遠教學的最重要參考資料。蓋自南北朝以還，隨著大乘意識勃興，出現一些以《大乘義》、《大乘義章》爲名，以宣弘大乘教旨爲主旨的作品；而慧遠的《大乘義章》，便是其中的表表者。❷此書原來是由〈教聚〉、〈義法聚〉、〈染法聚〉、〈淨法聚〉、〈雜法聚〉五部分組成，每一聚包括若干細目，合共有二百四十九科。現存本缺〈雜法聚〉，祇有四聚二百二十二科。當中〈教聚〉包括三科，分別闡述「二藏」、「三藏」、「十二部經」這三個跟佛說和佛典分類有關的觀念。〈義法聚〉依目錄有二十六科，唯其中「四空義」一科重出，故實際僅有二十五科。此聚對一系列重要佛教義理觀念作出解說，當中有些是通於小、大二乘，如「二無我」、「四諦」、「五果」、「六因」、「十二因緣」等，有些爲大乘教學所獨有，如「佛性」、「八識」、「十八空」等。〈染法聚〉包括六十科，大別爲「煩惱義」、「諸業義」、「苦報義」三門，分別闡明跟「煩惱」、「業」和「苦報」有關的基本佛教教說。〈淨法聚〉包括一百三十三科，爲諸聚中篇幅最廣者；大別爲「因」「果」兩門，前者處理大乘菩薩諸修行要目，共一百十五科，後者對「涅槃」、「淨土」、「三佛」等大乘菩薩修行所成就的果報，與及對「十力」、「十八不共法」等佛果的功德，作出析述。這是一本具有百科全書性質的大乘介紹書，卷帙浩繁，徵引

---

❷ 有關大乘意識在中國的形成和發展、與及南北朝時代諸種大乘義章的撰作，參閱橫超慧日：〈中國佛教に於ける大乘思想の興起〉，收入氏著：《中國佛教の研究》第1（京都：法藏館，1958年）。

繁博，而且行文前後呼應非常緊密，㉕顯然並非一時之作。還有慧遠不少論註講及重要佛教名目，每謂「廣如別章」、「義如別章」，㉖叫讀者參考《大乘義章》；這顯示《大乘義章》成書在它們之前，是慧遠較早期的作品。唯《大乘義章》設論在不少地方明顯受到《攝論》影響，而從慧遠的傳記所見，慧遠聽受《攝論》，乃在晚年。凡此地方，反映現在所見的《大乘義章》，是經過長時期的累積和修訂而成書，是慧遠一生心血的結晶。

　　慧遠一生道俗交譽，桃李盈門，其著述不但廣傳於當代，不少更留存後世；在有隋一代僧人中，唯天台學創立人智顗（538－597）和三論學宗匠吉藏（549－623）堪與媲美，由是史家每並舉三人爲隋代三大法師。唯智顗推尊《法華經》爲衆經之首，以發揚法華教學的精神爲己任；吉藏尊崇《三論》，以繼承「關中」和「攝嶺」的三論學統爲使命；㉗兩者的言論都流露出鮮明的學派意識。慧遠雖然承襲

――――――――――

㉕　例如書內諸科有互相引述情況。如〈義法聚〉中〈四諦義〉一科提到「涅槃」可分十門說明，說：「此義如後〈涅槃章〉中具廣分別。」（《大正藏》卷44，頁513下）同聚之〈五果義〉一科講到「三果」和「十因」的關係，說：「此義如後〈十因章〉中具廣分別。」（同上，頁519下）

㉖　據近人統計，這類說話在現存慧遠論註中出現凡一百四十三次之多，包括《地持論義記》十一次、《十地經論義記》三十八次、《大般涅槃經義記》三十二次、《維摩義記》三十九次、《勝鬘經義記》六次、《無量壽經義疏》八次、《觀無量壽經義疏》九次。參閱佐藤哲英，前引文，頁100－101。

㉗　中國研習《三論》的風氣，首先於東晉末年在北方「關中」長安一帶形成，其主要人物包括鳩摩羅什（約344－約413）及其弟子僧叡、僧肇（約

了慧光一系的地論學，並被後人稱爲「地論師」，但其著作並沒有刻意標舉一家之義；跟其他被後人稱爲「地論師」的南北朝時人一樣，他並沒有明確的地論學派觀念。還有智顗和吉藏都是出身南方，而慧遠則終身長居北方。在南北朝時代，南方的學風較北方的開放，崇尚玄思；這反映在三人的教學中，是前二者的哲理性較強，新意也較多。慧遠註釋經論，綱目清晰，簡潔明快，此其所長；但每給人依書直說的印象。又《大乘義章》申釋佛教教理的要義，往往兼採衆經論的成說，加以組合和會通；好處是能做到兼收並蓄，缺點是流於繁瑣，焦點不夠明晰。整體說，慧遠的教學跟智顗和吉藏的比較，有較顯明的過渡性格，未臻隋唐時期佛教思想的圓熟。但話得說回來，以慧遠爲代表的「地論師」雖然沒有清晰的地論學派意識，但他們的學說無疑是具有不少重要相通之處，會合成爲一思想潮流，對當時和日後中國佛教教學的發展，有深遠影響。又慧遠的思想雖不及智顗和吉藏的成熟，也並非沒有可觀之處；其對各經論的中心理念和各重要佛教教義的詮釋，不少地方表現出相當識見，而且互相呼應，系統性頗強。總之，慧遠作爲唯一遺留下大量著作的「地論師」，一個具有豐富學養和見地的佛教學者，是具有研究價值。以下試環繞慧遠教學的一些中心課題，略觀其思想的大要。

374－約414）等。至於在南北朝時代，推廣《三論》研習貢獻最大者，首推活躍於南方「攝山」（位於今江蘇省南京市東北）一帶的三論師，包括僧朗、僧詮、法朗（507－581）等。吉藏乃是法朗的弟子。

第二章　淨影慧遠的心識思想

　　慧遠師承慧光、法上一系地論學，而地論學爲印度瑜伽行學統在中國的早期延展；這反映在慧遠的教學裡，便是它跟印度瑜伽行教學一樣，是以心識思想爲骨幹。又在印度佛教，以心識思想爲其教說核心者，在瑜伽行學統外，還有如來藏系典籍；而慧遠亦深受這系典籍影響；其心識思想是以這系典籍的眞心學說爲基本，融合瑜伽行心識理論的主要觀念，從而形成。因此要了解慧遠的心識觀，對作爲其根源的瑜伽行教學和如來藏教學的心識觀，都先要有所認識。

(一)淨影慧遠心識思想的背景

1.瑜伽行學派的心識思想

　　佛教非常重視精神修養，因此一向重視心識作用和心理狀態的分析。最早期的原始佛教經典已經約心識所依以活動的器官（「根」）和所指向的對象（「境」）的不同，大別之爲眼識、耳識、鼻識、舌識、身識、意識六種。這「六識」分類，爲日後所有小乘和大乘學派所繼承；而瑜伽行心識思想的特點，是它在六識之外，別立「阿賴耶識」和「染污意」兩種識，並提出「唯識」觀念。它又進而借助這些觀念，爲業報、輪迴、解脫、性空等基本佛教教義，提供系統的理論說明，從而將佛教理論的發展推至高峰。

　　所謂「阿賴耶識」，是指最根本的心識。「阿賴耶」為梵語字ālaya的音譯。ālaya是由字首ā跟動辭語根līー組合而成，而līー有執住（to cling）、固著（to adhere）的涵義；因此ālaya的表面辭義為執著，或指所執著的對象，引申而有貯藏處、居住處等義。依瑜伽行教學，所有眾生除了具有表層的六識外，還具有名為「阿賴耶」的基層心識，其主要作用為貯藏由造業所產生的習氣，稱為「種子」。某有情是步向解脫，還是要繼續輪迴；要是繼續輪迴，將會輪迴為甚麼界趣的有情，得甚麼的形軀，經驗怎樣的現象世界；這些都決定於其阿賴耶識所貯藏的種子的染淨性質。由是阿賴耶識連帶又有充當輪迴主體、形軀生命的根本、現象世界的根本諸作用。還有阿賴耶識亦是我執的對象，而就此瑜伽行論書提出「染污意」觀念。染污意是恆常跟我見、我慢、我愛、無明四種煩惱心理作用相連，❶叫所有心識活動，都蒙受雜染，故稱「染污」。染污意的主要作用，是執取阿賴耶識為我。有情所以有我執，乃是其染污意執取阿賴耶識的結果。

　　上面所提及的阿賴耶識的諸作用，包括充當現象世界的根本；而這牽涉及瑜伽行教學的另一基本觀念——「唯識」。「唯識」是梵語字vijñapti-mātra的繙譯，原義是「唯表相」，意思是說所有常識所謂客體存在，其實都是「表相」（vijñapti），沒有實體。至於表相的形成，瑜伽行學派認為是以阿賴耶等諸識為依據。由是溯源歸

---

❶　「我見」即是於五蘊和合體，妄見有我。因妄見有我，從而自視了不起，是為「我慢」；對所妄見的我，深生耽著，是為「我愛」；不認識無我的道理，是為「無明」。

本，漢譯家便把「ijñapti-mātra一辭譯作「唯識」。瑜伽行典籍在解說唯識教義的根據時，除了引述《阿含經》「心惱故眾生惱，心淨故眾生淨」、《華嚴經》「三界虛妄，但是心作」一類話爲支持外，❷還舉出禪定經驗爲證明。例如無著《攝大乘論》有以下的話：

> 即由此教理亦顯現。所以者何？於定心中隨所觀見諸青瘀等所
> 知影像，一切無別青瘀等事，但見自心。由此道理，菩薩於其
> 一切識中，應可比知：皆唯有識，無有境界。❸

佛教的禪定方法包括不淨觀，教人觀想身體不清淨，從而去除貪著。引文指出修不淨觀的人，「隨」其觀想，「觀見」自己的身體「青瘀」膿爛等。當中所見的「一切」，其實都是「影像」，是從「自」己的心呈現；在心以外，並無「別」物「青瘀」膿爛。由此「比」類，可以推「知」一切認識中所見的東西，都祇不過是心識所呈現的表相；在心識以外，並沒有客體的「境界」存在。《攝大乘論》以禪定經驗證成唯識，反映出瑜伽行教學的唯識思想，是受到禪定的體驗所啓發。

　　輪迴流轉和還滅解脫，爲佛教教學的最中心課題，而瑜伽行學說的重要貢獻之一，是它以阿賴耶識蒙受熏習、貯藏種子的說法爲本，爲流轉還滅的發生，提供系統的理論解說。《攝大乘論》以香花熏胡麻爲喻，解釋「熏習」：香花能使原本沒有香氣的胡麻，其內藏的油

---

❷　參見《雜阿含經》第267經，《大正藏》卷2，頁69下；六十卷本《華嚴經》
　　卷25〈十地品〉第22，《大正藏》卷9，頁558下。

❸　卷中〈所知相分〉第3，《大正藏》卷31，頁138中。

發放香馥氣味;同樣,善、惡業行等能叫原來是無記（非善非惡）的阿賴耶識,內藏染、淨種子。❹根據瑜伽行學派,善不能受惡熏,惡不能受善熏;今阿賴耶識既然兼受善、惡業行所熏,因此它必定是無記。瑜伽行學派又把熏習界別爲「名言」、「我見」、「有支」三種。名言熏習是指由語言和跟語言有關（如思維）活動所產生的熏習,我見熏習是指由執取自我所產生的熏習,有支熏習是指由善、惡業行所產生的熏習。由於阿賴耶識貯藏著這三種熏習所產生的染污性種子,使它們不失壞,於是前期生命結束後,又相續有後期生命出現。這樣生生相續,便是輪迴流轉。要還滅解脫,便要以清淨性種子,替代染污性種子。這裡有一曲折的地方,是《攝大乘論》等早期瑜伽行論書雖本於善惡不互熏的前設,主張阿賴耶識的德性爲無記;但又因阿賴耶識有上述的充當輪迴主體、叫流轉發生的作用,從而視阿賴耶識爲本質上污染。由是它們以爲阿賴耶識貯藏清淨種子的方式,跟它貯藏染污種子的方式不一樣;清淨種子祇是「寄」存於阿賴耶內,並且有「對治」阿賴耶識的效能。《攝大乘論》說:

> 復次,云何一切種子異熟果識爲雜染因,復爲出世能對治彼淨心種子?又出世心昔未曾習,故彼熏習決定應無。既無熏習,從何種生?是故應答:從最清淨法界等流,正聞熏習種子所生。……此聞熏習隨在一種所依轉處,寄在異熟識中,與彼和合俱轉,猶如水乳。然非阿賴耶識,是彼對治種子性故。❺

---

❹ 參見卷上〈所知依分〉第2,《大正藏》卷31,頁134下。
❺ 同上註,頁136中-下。

從引文開首所提出的問題，可見《攝大乘論》認爲衆生無始時來在迷染中，從來未曾修「習」出世間的清淨心，因而其阿賴耶識（「一切種子異熟果識」）原來祇藏有染污種子，爲輪迴流轉「雜染」的因，而不具有清淨種子。那麼清淨種子從何來呢？是來自聽聞聖教（「正聞」）。聖教是從「最清淨」的眞理界相應地「流」出。衆生從聖人處聽聞聖教，爲聖教所「熏」習，產生清淨種子。這些種子以「寄」存的形式，保存於阿賴耶識內，但它們的自性又「非阿賴耶識」；就如水與乳可以融和在一起，但乳究竟不是水，水究竟不是乳，本性各自不同。這些寄存在阿賴耶識中的清淨種子，對阿賴耶識的迷染性，是有「對治」的作用；而對治的結果是「轉依」：

> （正聞）如如熏習，下中上品（種子）次第漸增，如是如是，異熟果識次第漸減，即轉所依。❻

「轉依」即是「所依」轉變的意思。衆生輪迴流轉，以無始時來迷染的阿賴耶識爲其存在的所依。經過正聞「如」是「如」是不斷「熏」陶，由「下」而「上」，清淨種子日益「增」添；而又不造不淨業，不產生新的染污種子。那麼，隨著原有的染污種子在引現果報後——消失，其阿賴耶識（「異熟果識」）所攝藏的染污種子「漸減」，以至最後完全消失。在那時候，衆生的存在的本源產生了本質變化，再不以迷染的阿賴耶識爲所依，而轉而以完全清淨的智體爲所依。那便是所謂「轉識成智」，亦即是解脫還滅的完成。

　　瑜伽行爲大乘佛教的兩大學派之一，而大乘教學的主要特色之

---

❻　同上註，頁136下。

一，是主張一切法是性空。瑜伽行學派的另一重要貢獻，是它自其唯識立場出發，提出「三性」學說，爲大乘的性空思想提供系統詮釋。「三性」者，即依他起性、遍計所執性、圓成實性，它們都是有關存在性相的觀念。《攝大乘論》討論三性，一開始便這樣界定「依他起性」：

> 此中何者依他起相？謂阿賴耶識爲種子，虛妄分別所攝諸識。……如此諸識，皆是虛妄分別所攝，唯識爲性，是無所有，非真實義顯現所依。如是名爲依他起相。❼

「依他起」是由阿賴耶識所攝藏的種子所變現的「諸識」，而審之本論前文，這裡所謂「諸識」，是泛指眾生界種種形式、層面的存在。眾生界種種形式、層面的存在都是「依」於阿賴耶識，而得以生「起」。它們祇是一些表相，「是無所有，非真實義」。而「無所有」、「非真實」，正是大乘佛教性空教義的涵義。《攝大乘論》繼而這樣界定「遍計所執性」：

> 此中何者遍計所執相？謂於無義唯有識中，似義顯現。❽

「遍計所執」是迷染有情所見的依他起的存在。依他起的存在沒有客體性（「無義」），純然是表相。迷染有情周「遍計」度，妄「執」之爲實體，虛構出貌「似」客體的世界，不認識性空的道理。至於「圓成實性」，《攝大乘論》說：

---

❼　同本章註❸，頁137下－138上。

❽　同上註，頁138上。

此中何者圓成實相？謂即於彼依他起相，由似義相永無有性。❾

「圓成實性」是聖人所見的依他起的存在。聖人經由化解計執，察悟迷染有情所計執的貌「似」客體世界，其實是「無有」客體，是本來性空。

「三性」爲公認的瑜伽行基本教義，而從上述《攝大乘論》對「三性」的釋義看，它是以唯識思想爲基礎，突出了大乘教學的性空主旨。《攝大乘論》又對三性的關係作出說明，指出三者爲「非一非異」：

> 復次此三自性爲異爲不異？應言非異非不異。謂依他起自性由異門故，成依他起；即此自性由異門故，成遍計所執；即此自性由異門故，成圓成實。
> 由何異門，此依他起成依他起？依他熏習種子起故。由何異門，即此自性成遍計所執？由是遍計所緣相故，又是遍計所遍計故。由何異門，即此自性成圓成實？如所遍計，畢竟不如是有故。❿

說三性的分別，是「異門」的分別，亦即是說三者是自不同角度觀察，從而見出的分別。眾生界各「依他起自性」的存在，從不同角度觀察，可以是依他起，也可以是遍計所執，也可以是圓成實。說依他起的存在是依他起，是因爲它們「依」阿賴耶識所攝藏的種子，從而

---

❾　同上註。

❿　同上註，頁139中－下。

生「起」；這是自存有根源的角度觀察，而作出的描述。說依他起的
存在是遍計所執，是因為它們是迷染有情周遍計執的對象（「所執所
緣相」、「所遍計」）；這是自迷染有情的所知的角度觀察，而作出的
描述。說依他起的存在是圓成實，而因為它們的真實空性，隨著計執
所虛構的客體性的取消，而得以顯明；這是自聖人的所知的角度觀察
，而作出的描述。又既然三性是於依他起的存在，由三種「異門」，
而安立的分別，就它們同為於依他起的存在上安立這方面看，它們可
以說是「非異」；就它們是從異門而見出的分別這方面看，它們又可
以說是非一（「非不異」）。

　　以上解說自存有上講「依他起」，自認識上講「遍計所執」和
「圓成實」，這是分析地說。其實依照瑜伽行教學的唯識思想，所有
眾生界的依他起存在，是由心識提供。由是迷染有情心識所變現的
「依他起」存在，是以作為「遍計所執」的對象的形態呈現；而聖人
心識所變現的「依他起」存在，是以「圓成實」的方式被了別。並非
是在時間上先有「依他起」的存在，繼而有「遍計所執」和「圓成
實」的認識產生。換句話說，並沒有中性的「依他起」；「依他起」
不是跟「遍計所執」打成一片，便是跟「圓成實」打成一片。與「遍
計所執」打成一片的依他起存在當然是雜染的，與「圓成實」打成一
片的依他起存在當然是清淨的，於是有染淨二分依他起性的說法：

> 於依他起自性中，遍計所執自性是雜染分，圓成實自性是清淨
> 分，即依他起是彼二分。……識亦如是。無分別智火未燒時，
> 於此識中所有虛妄遍計所執自性顯現，所有真實圓成實自性不
> 顯現。此識若為無分別智火所燒時，於此識中所有真實圓成實

自性顯現，所有虛妄遍計所執自性不顯現。是故此虛妄分別識
依他起自性，有彼二分。**⓫**

迷染的有情的心識「未」曾受「無分別智火」所「燒」，由是其所變
現依他起存在，是以「虛妄」的客體形態、作爲「遍計所執」的對象
的方式「顯現」。這是依他起性的「雜染分」。當其心識「爲無分別
智火所燒」，轉識而成智時，由它所變現的依他起存在，是以「眞
實」的性空形態「顯現」。這是依他起性的「清淨分」。

2.如來藏教學的真心思想

瑜伽行學統是在五世紀前後由無著和世親所創立，再經過約一個
世紀，在南北朝中葉傳入中國。慧遠所傳習慧光一系的地論學，與及
其晚年所聽受的攝論學，便是根據這時期譯出的瑜伽行典籍創立，代
表了早期中國瑜伽行教學。從現存資料所見，地論學和攝論學都承襲
了印度瑜伽行教學重視心識分析的特點，以根本識觀念爲核心，建構
一套系統存有論；不過它們所講的根本識，爲自性清淨，跟印度瑜伽
行教學所講那名爲「阿賴耶」的根本識本質上爲染污，迥然有異，以
至它們對業報、輪迴、解脫、性空等基本佛教教義所作的解說，亦跟
印度瑜伽行學統所提供的有重要不同。究其原因，乃因爲它們受到如
來藏思想熏陶。

如來藏思想的中心主張爲「一切衆生皆具有如來藏」。「如來

⓫　同上註，頁140下。

藏」梵語作tathāgatagarbha，而garbha的本義爲胎兒；由是說衆生
具有如來藏，亦即是說衆生的煩惱身內含如來的本質，就像孕婦腹內
懷有胎兒一樣。大乘佛典提到如來藏者爲數不少，當中以如來藏爲中
心主題者，最早出要爲《如來藏經》，在西晉末年（三世紀末四世紀
初）已有漢譯本。不過如來藏系典籍的大規模傳入，要到南北朝初葉
（五世紀上半葉）才開始。在南朝時代流行的如來藏系佛典包括《勝鬘
經》、《楞伽經》、《大乘起信論》等多種，而在這些典籍的傳譯和
研習方面，地論學統和攝論學統扮演了重要角色。❷當中尤以《大乘
起信論》跟這兩學統的關係特別密切，對慧遠思想的影響亦最大。因
此以下便以此論爲本，略述如來藏思想的大要。

　　《大乘起信論》依傳統之說爲馬鳴所造，攝論學統的創立人眞諦
所譯。然而自隋代開始（六世紀末七世紀初），已出現異議。那時僧人
法經著《衆經目錄》，把此論歸入「衆論疑惑」一類，指出其名不見
眞諦譯著目錄，有可疑地方。❸又有僧人慧均，直言此論非譯書，

---

❷　地論學統的代表人物每對如來藏系典籍表現出興趣。例如《地論》的譯者
　　菩提流支和勒那摩提，前者譯出《不增不減經》和《楞伽經》，後者譯出
　　《寶性論》。慧光和法上曾分別爲《勝鬘經》和《楞伽經》造註。有關慧
　　遠以前地論學統的心識思想，參閱勝又俊教：《佛教における心識説の研
　　究》（東京：山喜房佛書林，1961年），頁650-665。至於攝論學統方面
　　，其創立人眞諦據説是《大乘起信論》的譯者；而從眞諦的著名九識學說
　　看，他的心識思想是以自性清淨心觀念爲主綱，跟如來藏系典籍的取向相
　　同。有關眞諦的心識學說，參閱上引書，頁691-745；牟宗三：《佛性與
　　般若》（臺北：學生書局，1977年），頁285-310, 349-392。
❸　參見卷5，《大正藏》卷55，頁142上。

而是出自地論學統的人之手。❶及至本世紀初，中外學者對《起信論》的眞僞，展開激烈辯論，迄今仍無定論。❶無論如何，此論在六世紀中葉出現後，便在地論學統和攝論學統中廣泛流傳，跟這兩學統有著非常密切關係，是很顯明的。

　　顧名思義，《大乘起信論》是以發揚大乘教旨爲宗趣；而根據本論，大乘教所要處理的，主要是有情衆生的心的問題。衆生的心涵攝「眞如門」和「生滅門」兩方面。「眞如門」亦即如來藏，乃衆生心的本體，爲最究極的眞實。它跟事象界的存有不同，是沒有生滅變化，遠離所有差別相，非言語文字所能形容。就它爲沒有一切差別相，它可以說是「空」；就它具足無漏功德，它又可以說是「不空」。至於「生滅門」，乃「眞如門」受無明雜染，從而產生的生滅相用，就如大海水受風鼓動，而有波浪相狀一樣。

　　《起信論》用了頗長篇幅，借助傳統佛教的心、意、識觀念，對衆生心之生滅門的生起，分作三重，加以條述。根據《起信論》，「心」是指如來藏受到無明熏染，進入生滅的狀態，《起信論》又稱之爲「阿黎耶識」（即「阿賴耶識」）。阿黎耶識就其是以如來藏爲體，本具覺性，是有「覺」的一面；就其爲由無明活動所產生，變起

---

❶　慧均《四論玄義》卷10說：「《起信論》有云是北土地論師造也，而未知是非。……北地諸論師云：非馬鳴造論。昔日地論師造論，借菩薩名目之。」（轉引自珍海〔1092－1152〕：《三論玄疏文義要》卷2，《大正藏》卷70，頁 228下）

❶　柏木弘雄《大乘起信論の研究》（東京：春秋社，1981年）第1章第3節〈《起信論》撰述問題に關する諸說の檢討〉，列舉《起信論》眞僞辯論中正反雙方的主要論點，可參考。

各種生滅相用，又有「不覺」一面。至於「意」，它包括了依阿黎耶識「不覺」方面之活動而開展出來的「不覺而起」、「能見」、「能現」、「能取境界」、「念念相續」五方面，《起信論》分別給它們「業識」、「轉識」、「現識」、「智識」、「相續識」之名稱。所謂「不覺而起」（業識），是說意乃是在無明影響下，阿黎耶識之不覺方面的起動。隨著不覺的起動，遂有分別心轉起，此即「能見」（轉識）；亦有外境現起，此即「能現」（現識）。以「能見」的分別心，識取「能現」的外境，從而產生染淨等各種識別，此即「能取境界」（智識）。由識別所產生的心念，為相續不斷的；由是能叫過去所造善惡業所產生的力量不散失，於未來各依其性質，分別成就樂報和苦報；並叫有記憶過去、預想將來的事發生；此即「念念相續」（相續識）。關於「意識」，《起信論》這樣說：

> 復次，言意識者，即此相續識，依諸凡夫取著轉深，計我、我所，種種妄執，隨事攀緣，分別六塵。……此識依見、愛煩惱增長義故。❶

隨著意的「起念相續」方面不斷活動，凡夫的取著日益加深，妄計內識為自「我」、外境為「我所」，並進而對作為外境之色、聲、香、味、觸、法「六塵」，多所攀取緣求，那便是意識。意識這攀取緣求的特性，隨著邪見和愛欲的存在，而日益增長。

從以上的闡述，可見《起信論》跟瑜伽行教學一樣，通過演說不同層面的心識，解釋業感、記憶、預想、我執等現象。還有《起信

---

❶ 《大正藏》卷32，頁577中。

論》有「唯心」的說法，叫人想起瑜伽行教學的唯識學說：

> 是故三界虛僞，唯心所作，離心則無六塵境界。此義云何？以
> 一切法皆從心起妄念而生。……是故一切法如鏡中像，無體可
> 得，唯心虛妄。❶

這裡表明輪迴界（「三界」）的一切事物，包括所有的認識對象
（「六塵」），沒有不是衆生心在無明影響下，有所妄動，從而產
生。它們都不能離開衆生心而存在，都是沒有實體可得，故說它們是
「唯心」、是「虛妄」。可見《起信論》跟瑜伽行學派一樣，把一切
存在，包括物質現象，都歸源於心識的活動。不過《起信論》對心識
的類別和個別心識的理解，則跟瑜伽行教學多有歧異：

⑴在瑜伽行教學的心識體系裡，作爲最基本的識，要爲阿賴耶識；而
　瑜伽行學派所講的阿賴耶識，本質上是污染。在《起信論》的心識
　體系裡，作爲衆生心的本體者爲眞如門，亦即如來藏；而眞如門爲
　自性清淨。

⑵在瑜伽行典籍指謂最基本的識之「阿賴耶」一名，在《起信論》則
　用之來稱呼依心之眞如門而起現的生滅門。

⑶瑜伽行教學說爲是阿賴耶識的諸功能，例如攝持造業所產生的習
　氣、充當業報和輪迴主體、作爲有爲界雜染法的因等，《起信論》
　都撥歸意的範圍。

⑷《起信論》沒有用到「染污意」一辭，也沒有提及眼識以至身識這
　五種識。從前引有關意識的一節文字，提到意識「分別六塵」，

---

❶　同上註。

可見《起信論》所講的意識，統攝了瑜伽行心識體系裡的前五種識的功能。

上文指出瑜伽行教學的重要貢獻之一，是它提供一套系統的存有論架構，可以用來說明輪迴流轉和還滅解脫的發生。《起信論》亦有涉及這課題的章節，當中一再出現「熏習」一辭：

> 熏習義者，如世間衣服，實無於香，若人以香而熏習故，則有香氣。此亦如是：眞如淨法，實無於染，但以無明而熏習故，則有染相。無明染法，實無淨業，但以眞如而熏習故，則有淨用。⓲

論文以譬喻說明「熏習」：就如世間的衣服，原來沒有香氣，如果人以香氣熏它，它就會留下香氣。論文隨而分別出兩種熏習：一是無明熏習清淨的眞如心（即眞如門），從而產生染污的相用；一是清淨的眞如心熏習無明，從而產生清淨的相用。由於前者，乃有輪迴流轉；由於後者，遂有還滅解脫。

關於由熏習生起染污相用，以至有輪迴流轉，《起信論》續有申述：

> 云何熏習起染法不斷？所謂以依眞如法故，有於無明。以有無明染法因故，即熏習眞如；以熏習故，則有妄心。以有妄心，即熏習無明，不了眞如法故，不覺念起，現妄境界。以有妄境界染法緣故，即熏習妄心，令其念著，造種種業，受於一切身

⓲　同上註，頁578上。

心等苦。⑲

以上引文分述了四重轉化：

(1)依於眞如心（即眞如門），生起無明這最基本的迷染因。

(2)無明既生起，又轉過來熏習眞如心，從而有生滅心（即生滅門）現
　　起。

(3)妄心既形成，對無明又有一種熏習力，增長無明的不了悟性，以至
　　不覺念起（即意的「不覺而起」），現起種種妄境界（即意的「能現」）。

(4)妄境既形成，又作爲外緣，熏習妄心；牽引妄心，使妄心多所念慮
　　執著；從而造種種有漏業，身心不斷經歷生死輪迴的痛苦。

由以上分析所見，四個層面轉化分別以眞如心、無明、妄心、妄境爲
主因；《起信論》分別稱後三者爲「無明熏習」、「妄心熏習」、
「妄境熏習」。至於由熏習生起清淨相用，以至有還滅解脫，《起信
論》有這樣說明：

> 云何熏習起淨法不斷？所謂以有眞如法故，能熏習無明；以熏
> 習因緣力故，則令妄心厭生死苦，樂求涅槃。以此妄心有厭求
> 因緣故，即熏習眞如，自信己性，知心妄動，無前境界，修遠
> 離法。以如實知無前境界故，種種方便，起隨順行，不取不
> 念，乃至久遠熏習力故，無明則滅；以無明滅故，心無有起；
> 以無起故，境界隨滅。以因緣俱滅故，心相皆盡，名得涅槃，
> 成自然業。⑳

---

⑲　同上註。

⑳　同上註，頁578中。

從這引文所見，還滅解脫牽涉三重轉化：

(1)以眞如心爲因，熏習無明，從而令妄心有厭生死之苦、樂求涅槃的意願。

(2)妄心既有厭生死之苦、樂求涅槃的意願，它對眞如心又有一種熏習力，叫修行人對他們本有的覺性，產生自信；認識到自己現今沈淪生死，祇是不覺念動的結果，並非原來如是；並認識到當前的種種妄境界，都是唯心所現，本來是無有。由是修習種種行門，以求遠離妄境和妄念。

(3)修行人既如實知道當前的妄境界爲無有，即能發起與眞如心的清淨性相應的清淨行，不取妄境，不起妄念。如是長期修習，其所產的熏習力，使無明消滅。無明消滅後，由無明熏習眞如心而產生的妄心不再現起，隨而妄心變現的妄境界亦歸於消滅。以作爲流轉的因緣的無明、妄心和妄境界既然都消滅，虛妄的衆生心的相用永不再生起，便是得證涅槃，亦即是還滅的完成。

又就以上三重轉化的原動力，主要是來自眞如心和受到眞如心熏習的妄心，《起信論》乃謂它們包括「眞如熏習」和「妄心熏習」兩方面。值得注意是《起信論》在進一步闡述眞如熏習時，把它分爲「自體相熏習」和「用熏習」兩種：前者指眞如心本具的熏習力，是內因；後者指諸佛、菩薩等的慈悲教導所產生的熏習力，是外緣。而《起信論》強調兩者都是必需：

> 又諸佛法有因有緣，因緣具足，乃得成辦。……衆生亦爾，雖有正因熏習之力，若不遇諸佛、菩薩、善知識等，以之爲緣，能自斷煩惱入涅槃者，則無是處。若雖有外緣之力，而內淨法

未有熏習力者，亦不能究竟厭生死苦，樂求涅槃。㉑

由是上述還滅最初一重轉化雖主要是由眞如心所推動，亦需外緣配合，方能發生。又合這裡所述的眞如熏習，和上述輪迴流轉所牽涉的無明熏習、妄心熏習、妄境熏習，乃有淨法、染因、妄心、妄境界四種熏習的說法：

> 復次，有四種法熏習義故，染法淨法起不斷絕。云何爲四？一者淨法，名爲眞如；二者一切染因，名爲無明；三者妄心，名爲業識；四者妄境界，所謂六塵。㉒

　　從以上《起信論》對流轉和還滅的解說，可見《起信論》跟瑜伽行教學一樣，配合其自身的心識系統，援用熏習的觀念，把輪迴和解脫解釋爲本心受到熏習而有的結果。不過由於《起信論》對本心體性的理解，跟瑜伽行教學迥異，由是其提供的解說，尤其是有關還滅方面的解說，便跟瑜伽行教學有重大分歧。首先，瑜伽行教學不承認有染淨互熏的事，其熏習教說牽涉及種子觀念。而《起信論》裡沒有出現「種子」一辭，它講流轉是從無明熏習眞如心說起，它講還滅是從眞如心熏習無明說起，明顯肯認有染淨互熏情況。其次，瑜伽行教學以阿賴耶識爲本識，而阿賴耶識是迷染的識。因此從流轉至還滅，其間心識轉變的發生，瑜伽行教學歸因於聽聞聖教；而聖教爲外緣。《起信論》如上述所見，並不否認外緣對還滅的重要。唯它是以本性

㉑　同上註，頁578下。

㉒　同上註，頁578上。

清淨的心眞如門爲眾生心之體；因此它講熏習無明，從而發生還滅的
變化，是把重點放在眞如心上；而眞如心是內因。還有，瑜伽行教學
相應其本識染污的看法，理解還滅爲舊的識體的轉捨和新的智體的形
成。而《起信論》既然認爲眾生心的體原來爲清淨，如是其理解的還
滅，便不牽涉舊和新的本心的轉換，而是回歸心的本性的事。《起信
論》論及阿賴耶識「覺」和「不覺」兩方面時，有以下一節有關覺悟
的文字，清楚表現出這點：

> 所言「覺」義者，謂心體離念。離念相者，等虛空界，無所
> 不遍，法界一相，即是如來平等法身。依此法身，說名「本
> 覺」。何以故？本覺義者，對「始覺」義說。以始覺者，即同
> 本覺。
> 「始覺」義者，依本覺故，而有不覺；依不覺故，說有始覺。
> 又以覺心源故，名「究竟覺」；不覺心源故，非究竟覺。❷❸

眾生心的眞如體原來是沒有妄念，是像空間一樣無所不在，是沒有差
別相（「一」）的最後眞實（「法界」），亦即是佛的法身，故它是
「覺」。因爲受到無明的影響，眾生心乃有「不覺」的相用；而不覺
的相用又是依於覺的心體呈現，故說：「依本覺故，而有不覺。」由
於眾生心有不覺的相用，覆蓋其覺體，故需要有還滅的步驟，使覺體
重新顯現，而有「始覺」。因爲有不覺，才有始覺發生，故說：「依
不覺故，說有始覺。」又既然有不覺和始覺的情形，在對比之下，便
稱呼覺體自身爲「本覺」，故說：「本覺義者，對始覺義說。」從不

---

❷❸　同上註，頁576中。

覺到始覺，朝著這方向發展，最後的結果便是本覺的心體完全展露，
那便是「究竟覺」。《起信論》為了說明還滅祇是眾生心的不覺的生
滅相用的消滅，而不是眾生心的清淨覺體的消滅，再次援用風吹海水
的譬喻：

> 所言滅者，唯心相滅，非心體滅。如風依水而有動相，……唯
> 風滅故，動相隨滅，非是水滅。無明亦爾，依心體而動。……
> 唯癡滅故，心相隨滅，非心智滅。㉔

正如當風停息，海水的波浪相歸於寂止，但海水的自體沒有消失；
同樣，當無明的活動終止，眾生心的生滅相用隨即消亡，但眾生心的
「智」體沒有消滅，而是恆久常存。

(二)「識」名釋義

現存的慧遠著作多有談論心識，當中以《大乘義章》特闢〈八識
義〉一科，剖析心識的類別、作用，和關係等，其討論最為全面和深
入。以下以此科的議論為主要根據，旁參慧遠其他著作有關心識的討
論，試圖勾畫慧遠心識思想的大要。

在進入探討慧遠心識思想的內容前，先看慧遠對「識」的字義的
界說。《大乘義章》〈十二因緣義〉一科說：「所言識者，分別之

㉔ 同上註，頁578上。

義」，㉕〈五陰義〉說：「分別名識」，㉖可見慧遠以爲「識」的涵義爲「分別」。蓋「識」的梵語字vijñāna，乃是由動辭語根jñā前加字首vi組成，前者的意思爲了知，後者的意思爲分割；由是從表面字義看，「識」是指由分析所接觸對象、從而產生的了別作用。慧遠所謂「分別」，大概便是這意思。值得注意是慧遠把了別分爲三重：

> 八（識）中前六（識），有所了別，可名爲「識」，後之二種（識），云何名「識」？
> 釋有兩義：
> 一義釋云：後二雖非了別之用，而是了體，故名爲「識」。
> 第二義者，八識並有了別之義，故通名「識」。云何了別？了別有三：一、事相了別，謂前六識；二、妄相了別，謂第七識；三者眞實自體了別，謂第八識。了別既通，是故八種俱名爲「識」。㉗

從下文論述可見，這裡所謂「前六識」，是指傳統佛教所說的眼識、耳識等經驗表層心識；這裡所謂「第七識」，是指阿陀那識，大致相當於《大乘起信論》所說的意；這裡所謂「第八識」，是指阿梨耶識（「阿梨耶」和「阿賴耶」是ālaya的異譯），而慧遠所講的阿梨耶識，約略相當於《大乘起信論》所說的眞如心。這裡解釋何以第七、第八兩種識得稱爲「識」，首先指出這兩種識雖然沒有了別事相的作

㉕ 卷4，《大正藏》卷44，頁547中。

㉖ 卷8，同上註，頁621上。

㉗ 《大乘義章》卷3〈八識義〉，《大正藏》卷44，頁525上。

用，但由於它們是這些作用產生的依據，故名之爲「識」。它繼而列
舉出「事相」、「妄相」、「眞實自體」三重了別，把它們分屬前六
識、第七識、第八識，指出由於第七、第八兩種識亦具某一義的了
別，故通名之爲「識」。從後一解釋，可見慧遠認爲除了傳統佛教所
說那種以「事相」爲對象的經驗表層了別外，還有跟「妄相」和跟
「眞實自體」有關的深層了別存在。

慧遠又以「神知」一辭界定「識」，在〈八識義〉說：「所言
『識』者，乃是神知之別名也」，㉘表示「識」跟「神知」爲同義。
慧遠在《大乘義章》其他地方和在《大乘起信論義疏》一再用到「神
知」一辭，但都沒有對其涵義作出說明。唯觀〈八識義〉以下一節有
關事識（即前六識）的「用相」的話：

> 一是用相，謂六識心了別六塵事相境界，於事分齊。六識正是
> 神知之體，是故此六亦名「體相」。㉙

這裡說「了別六塵境界」爲前六識的「用」，又說前六識「正是神知
之體」；這顯示慧遠所謂「神知」，無非即是了別。又正如他肯認眞
如心具有某 義的了別，他亦肯認眞如心具有某 義的神知。例如
《大乘起信論》謂眞如心有「眞實識知」，㉚慧遠在註釋中便把「識
知」一辭解釋爲「神知之靈」，顯示他認爲眞如心具有靈妙之神知作
用：

㉘　同上註，頁524中。

㉙　同上註，頁526中。

㉚　參見《大正藏》卷32，頁579上。

無有僞，名爲「眞實」；神知之靈，名爲「識知」也。**❸❶**

(三)八識分類

慧遠對心識問題的討論，每環繞各類心識的內容和它們之間的關係展開，因此闡述慧遠的心識思想，當從他對心識所作分類說起。

慧遠在《大乘義章》設〈八識義〉一科，鋪述他的心識觀，可見他以「八識」爲最標準的心識分類。本章上節介紹瑜伽行學派的心識思想，述及其於六識以外，另立阿賴耶識爲本識，並安設染污意爲我執產生的根源；這已隱約透露八識的構思。不過「八識」一辭並不見於早期瑜伽行典籍，而慧遠也沒有引述瑜伽行典籍的話爲這分類的證明。〈八識義〉開章這樣說：

> 八識之義，出《楞伽經》。故彼經中，大慧白佛：「世尊，不立八識耶？」佛言：「建立」。**❸❷**……隨義分別，識乃無量；今據一門，且論八種。**❸❸**

引文指出識隨其特性不同，可以細分爲無量門類；現今採取《楞伽經》的說法，演說八種識。《楞伽經》爲如來藏系典籍，內中一再出現「八識」一辭；**❸❹**今慧遠自承其八識分類是本自此經，反

---

❸❶ 《大乘起信論義疏》卷下之上，《大正藏》卷44，頁194中。

❸❷ 4卷本《楞伽經》卷2〈一切佛語心品〉之2，《大正藏》卷16，頁496上。

❸❸ 《大正藏》卷44，頁524中。

❸❹ 除了上註❸❷所出引文外，4卷本《楞伽經》卷4〈一切佛語心品〉之4亦提及

映出他對如來藏系經典的熟習和重視。

慧遠所謂「八識」，分別爲眼識、耳識、鼻識、舌識、身識、意識、阿陀那識、阿梨耶識。慧遠解釋其名稱的由來：

> 八中前六，隨根受名；後之二種，就體立稱。根謂眼、耳、鼻、舌、身、意，從斯別識，故有六種。體含眞僞，故復分二。❸

八識中前六種識是根據其所依以活動的眼、耳、鼻、舌、身、意六種「根」得名。這六種識背後，存在著深層的識「體」，而這深層的識體有「僞」妄和「眞」實兩重，僞妄一重即阿陀那識，眞實一重即阿梨耶識。慧遠指出小乘教學祇說前六種識，大乘教學進而說八種識，以八識觀念爲大乘思想之特色：

> 小乘法中，但說六識；大乘法說八。彼小乘中，未說心性妄想之義，故無七識；未說心體性眞實，故無八識。❸

慧遠對八識的名稱及其異稱的涵義，有詳細說明，其說明清楚顯示出他對這些心識的理解。關於第八阿梨耶識，慧遠列舉了它的九種譯名，逐一解說其意思如下：

> 「阿梨耶」者，此方正翻名爲「無沒」，雖在生死，不失沒

　「八識」，說：「三種自性及八識、二種無我，悉入五法。」（《大正藏》卷16，頁511中）

❸　同本章註❷，頁524下。

❸　同上註，頁532中－下。

故。

隨義旁翻，名別有八：

一名藏識：如來之藏爲此識故。是以（《楞伽》）經言：「如來之藏名爲藏識」。**㊲**以此識中涵含法界恒沙佛法故，名爲「藏」。又爲空義所覆藏故，亦名爲「藏」。

二名聖識：出生大聖之所用故。

三名第一義識：以殊勝故。故《楞伽經》說之，以爲第一義心。

四名淨識：亦名無垢識，體不染故。故（《勝鬘》）經說爲自性淨心。**㊳**

五名眞識：體非妄故。

六名眞如識：（《起信》）論自釋言：心之體性無所破故，名之爲「眞」；無所立故，說以爲「如」。**㊴**

七名家識：亦名宅識，是虛妄法所依處故。

八名本識：與虛妄心爲根本故。**㊵**

以上引文把「阿梨耶」的異稱劃分爲「正翻」和「旁翻」兩類，現試表列如下：

㊲　4卷本《楞伽經》卷4〈一切佛語心品〉之4，《大正藏》卷16，頁512中。

㊳　參見《勝鬘經》〈自性清淨章〉第13，《大正藏》卷12，頁222中。

㊴　參見《大正藏》卷32，頁576上。

㊵　同本章註㉗，頁524下－525上。

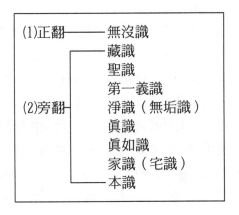

圖表2.1　「阿梨耶識」譯名

所謂「正翻」，當是指對「阿梨耶」一名自身的繙譯。又阿梨耶識除
了「阿梨耶」之名稱外，還有其他稱呼，依其所具特性（「隨義」）
而立；引文所謂「旁翻」，當是指對這些稱呼的翻譯。考諸現存譯
書，引文舉出爲「阿梨耶識」之正翻的「無沒識」一名出典不明；至
於引文舉出爲「阿梨耶識」之旁翻的八種名字之出典，據日本學者吉
津宜英考查所得，分別爲：

(1)藏識（引文解作「如來藏識」）──四卷本《楞伽經》、《勝鬘經》

(2)聖識──《楞伽經》

(3)第一義識──四卷本《楞伽經》

(4)淨識──《勝鬘經》

(5)眞識──四卷本《楞伽經》

(6)眞如識——《起信論》

(7)家識——佛陀扇多譯《攝大乘論》、眞諦譯《轉識論》

(8)本識——十卷本《楞伽經》、眞諦譯《攝大乘論》❹

在八種譯名中，前六種均是出自如來藏系典籍，而且在原出處大都不是直接用來稱呼阿梨耶識，僅後兩種是取自瑜伽行論典；這顯示慧遠是以如來藏思想爲本，去理解阿梨耶識。又從這裡對阿梨耶識的諸譯名的釋義看，慧遠所理解的阿梨耶識，是在輪迴生死中，常「無」失「沒」的識體，亦即佛經所說的如來「藏」。它涵具恒河沙數的佛法功德，能生作佛陀大「聖」的所有功用，爲「第一義」最殊勝的心識。它一方面是完全清「淨」、「無」有「垢」穢、「眞」實無妄、無生無滅的「眞如」；另方面又是生死虛妄法存在之所依（「家」），爲虛妄心識活動的根「本」。其心目中的阿梨耶識，跟如來藏系經典所標舉那自性清淨的如來藏眞心沒有分別，而跟傳統瑜伽行典籍所說那本質染污、爲修行之對治對象的阿賴耶識迥異。

關於第七阿陀那識，慧遠跟他處理第八阿梨耶識的方式一樣，分「正翻」和「旁翻」兩門，列舉其九種譯名，一一解釋其涵義：

> 「阿陀那」者，此方正翻名爲「無解」，體是無明癡闇心故。
>
> 隨義旁翻，差別有八：
>
> 一無明識：體是根本無明地故。
>
> 二名業識：依無明心，不覺妄念，忽然動故。

---

❹ 參閱吉津宜英：〈大乘義章八識義研究〉，《駒澤大學佛教學部研究紀要》第30號（1972年），頁144。

三名轉識：依前業識，心相漸麁，轉起外相，分別取故。

四名現識：所起妄境，應現自心，如明鏡中現色相故。

五名智識：於前現識所現境中，分別染淨、違順法故。……

六名相續識：妄境牽心，心隨境界，攀緣不斷。復能住持善惡業果，不斷絕故。

七名妄識：總前六種，非眞實故。

八名執識：執取我故，又執一切虛妄相故。❷

以上引文所舉出「阿陀那識」的「正翻」、「旁翻」兩類譯名，可表列如下：

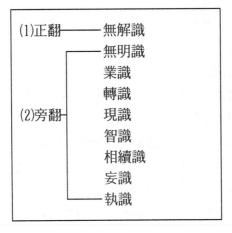

圖表2.2　「阿陀那識」譯名

---

❷　同本章註❷，頁524下。

「阿陀那」爲梵語字ādāna的音譯。ādāna是由字首ā跟動辭語根dā組合而成,而dā的意思是縛著(to bind)、繫住(to tie together),跟作爲「阿賴耶」的動辭語根li表意接近。因此在一般瑜伽行論書裡,「阿陀那識」和「阿賴耶識」兩辭是用來指謂同一的識。慧遠大概是受了眞諦的譯書所影響,視它們爲表兩個不同的識;❸以「阿陀那」一名,稱呼第七識。又考諸現存譯書,上引文舉出爲「阿陀那識」正翻的「無解識」一名出典不明;至於引文舉出爲旁翻的八種名字的出典,據吉津宜英的考查爲如下:

(1)無明識——《起信論》

(2)業識——《起信論》

(3)轉識——《起信論》

(4)現識——《起信論》

(5)智識——《起信論》

(6)相續識——《起信論》

(7)妄識——《起信論》

(8)執識——眞諦譯《攝大乘論》、《轉識論》❹

從這八種名字中的前七種,均出自《起信論》,可見慧遠心識思想受《起信論》影響之深。還有值得注意是第二至第六這五種名字,在《起信論》分別是用來稱呼意的「不覺而起」、「能見」、「能

---

❸ 眞諦翻譯的《轉識論》和《顯識論》,都把「阿賴耶識」和「阿陀那識」說爲兩種不同的識,並以「執」取爲阿陀那識的特點。參見《大正藏》卷31,頁61下、879中。

❹ 參見同本章註❹,頁143－144。

現」、「能取境界」、「起念相續」五方面，❹可見在慧遠心目中，
阿陀那識亦即《起信論》所述的心、意、意識中的意。又從慧遠對
阿陀那識的異稱的釋義看，慧遠所理解的阿陀那識，是愚癡闇昧，
「無」有「解」悟性，本質上爲「無明」。由於無明的活動，忽然有
妄念起動（「業」）；而隨著妄念日益變得粗淺，於內「轉」起分別
計取心，於外「現」起貌似客體的境界。分別心於境界上分別那些是
染、那些是淨、那些是違、那些是順，而有妄「智」。妄智爲境界所
牽引，對境界「相續」不斷攀取緣求，以至造作諸有漏業；而阿陀那
識又能叫這些業的能力得以保持，「相續」不斷於未來引現果報。以
上所述阿陀那識的諸性能，都是迷「妄」性的；而阿陀那識的迷妄
性，還表現於它「執」取內識爲自我、「執」取識所變現的虛妄事相
爲眞實這些事情上。

　　關於八識中的前六識，慧遠對它們的名稱的解釋較爲簡略：

> 就前六中，對色名「眼」，乃至第六對法名「意」。依此生
> 心，能有了別故，名「眼識」乃至「意識」。❹

依於眼根，對色境作出了別，這便是「眼識」。如是類推，依於耳
根、鼻根、舌根、身根、意根，分別對聲境、香境、味境、觸境、法
境作出了別，分別便是「耳識」、「鼻識」、「舌識」、「身識」、
「意識」。由此可見，慧遠以爲六識的特性，爲了別六境。這是原始
佛教以來佛門通途的說法。

---

❹　有關這五種名字，參閱本章第1節。
❹　同本章註❷，頁524下。

就上引《大乘義章》〈八識義〉釋說八識名義的章節所見，慧遠以「阿梨耶」爲最根本的識的正稱，叫人想起瑜伽行教學；不過他又舉出「如來藏」、「聖識」、「淨識」、「眞識」等爲這識的別稱，把它說爲是自性清淨、無生無滅，這則跟瑜伽行的本識觀不類，明顯是襲取了如來藏典籍的眞心思想。又慧遠自承其八識分類是本於《楞伽經》，處處引用《起信論》有關「意」的觀念來名狀第七阿陀那識，凡此都顯示他在心識問題上，多取法如來藏典籍的觀點。

(四)三識分類：事識、妄識、真識

《大乘義章》〈八識義〉在釋說八識名義後，繼而辨析心識的體相；那時慧遠表示對心識的分析，其實可廣略不同，最略可總合爲一類，最廣可細開爲無量類。他分述了二門、三門、四門，以至十八門、六十門多種心識分類；其中論述最詳者，並非八門分類，而是三門分類。

〈八識義〉論及以下三種三門心識分類：

(1)事識、妄識、眞識

(2)分別性、依他性、眞實性

(3)六識、阿陀那識、本識

當中第二種涉及「三性」問題，待下文討論慧遠的三性思想時才作處理。至於第一種和第三種，它們在慧遠的心識理論裡佔有重要位置，分別代表了慧遠對如來藏教學和對瑜伽行教學之心識思想的繼承；理解它們對理解慧遠心識思想，以至對理解慧遠思想整體的特點和取向，有重要意義。現先闡述第一種。

　　事識、妄識、眞識這三門分類，是在慧遠著作裡最常出現的心識分類。如上所見，慧遠在論述八識分類時，分別舉出「眞識」和「妄識」二名，爲第八識和第七識的異稱。他又曾說：

> 心有三種：一、事識心，所謂六識；二、妄識心，謂第七識；三、眞識心，謂第八識。❹

由此可見這三門分類中的事識、妄識和眞識，大體上分別相當於上述八門分類中的前六識、第七阿陀那識和第八阿梨耶識。

　　對事、妄、眞這三類識，慧遠在〈八識義〉分「攝末從本」和「從本起末」兩方面，界定其分別。在「攝末從本」方面，他說：

> 根、塵、識等一切諸法，廢本談末，悉是實有。以廢本故，不得云「妄」，不得言「眞」。於此分中了別之心，名爲「事識」。
>
> 攝末從本，會事入虛，一切諸法唯是妄想，自心所現。……於此分中，能起之心及妄分別，說爲「妄識」。
>
> 更作一重攝末從本，會虛入實，一切諸法皆是佛性眞心所作，……。於此分中，能起之心，變爲諸相，說爲「眞識」，以一切法眞所作故。❹

慧遠表示要是「廢本談末」，撇開本源問題不談，單自事象層面觀察，事象存在包括根、塵、識三方面，它們看去都是實有；而當中之

---

❹　《大乘義章》卷5〈五住地義〉，《大正藏》卷44，頁568上。

❹　《大正藏》卷44，頁526上。

識（「了別」）的方面，便是「事識」。要是「攝末歸本」，追尋事
象存在的本源，便會發現所有事象存在，都是自家虛妄心所作起，無
非是妄想，並非實有；而虛妄心和其所作起的妄相，即是「妄識」。
又要是再「攝末歸本」，進一步探索虛妄心和妄相的本源，便會察覺
它們都是眞實的佛性眞心所變現；而眞心和其所變現的一切，即是「
眞識」。至於「從本起末」方面，慧遠說：

> 從本起末，亦得分三：
> 廢末談本，心性本淨，緣起集成無盡法界，是其「眞識」。
> 依本起末，認實爲虛，非有見有，是其「妄識」。
> 依本起末，認虛爲實，非實見實，是其「事識」。❹

引文表示要是「廢末談本」，撇開事象層面的心識活動不論，直探心
識的本源，便會了見心的本性原來是清淨，而又隨緣集起一切法，這
便是「眞識」。再觀察「依」這「本」性所「起」的「末」識，不
能覺知識的眞實清淨本性，視隨緣而起的末法爲實有，這便是「妄
識」；又把虛假的事相看作爲眞實，這便是「事識」。

　　就上述「攝末歸本」和「從本起末」兩方面的說明所見，事識、
妄識和眞識要爲三個不同存在層面的識。事識爲表層事象的識，它了
別事相，取事相爲眞實。妄識和眞識爲深層本源的識，前者本性爲虛
妄，後者本性爲眞淨；它們居於事識背後，有變現一切法的作用。

　　對事、妄、眞這三種識的特性，慧遠有詳細析述，一一大別之爲
四門，稱之爲「四相」。事識的四相爲用相、我相、闇相、理相：

---

❹　同上註。

⑴用相：慧遠說：

> 一是用相：謂六識心，了別六塵事相境界，於事分齊。❺⓿

可見事識的用相為了別六境，分辨事相。這亦即是常途所說的六識。

⑵我相：慧遠說：

> 二是我相：我有二種：
> 一、法著我：謂取性心，於根、塵、識妄立定性。……
> 二、人著我：於陰、界、入計我、我所。❺❶

可見事識的我相包括「法著我」和「人著我」兩方面。說事識具有「法著我」相，是因為它執取自性，妄見其所依的諸根、其所了別的諸境、以至識自身，為有實性的存在。說事識具有「人著我」相，是因為它於五蘊、十二入、十八界所合成的事相上，分別那些是「我」，那些是「我所」有。

⑶闇相：慧遠說：

> 三者闇相：不知諸法虛假無性，又不能知陰、界、入等非我、我所。❺❷

可見闇相是關乎事識的愚闇性。這主要表現於它不認識根、塵、識

---

❺⓿　同上註，頁526中。

❺❶　同上註。

❺❷　同上註，頁526下。

諸法爲虛假，爲沒有自性；亦不認識諸蘊、諸入、諸界所合成的事相，並非應當視爲「我」、「我所」有的東西。

(4)理相：慧遠說：

> 四者理相：明前三重非有非無。因緣假有，稱曰「非無」；假法無性，故曰「非有」。又前三重，非我、我所，名曰「非有」；而有識等，故曰「非無」。❸

可見理相是指以上事識三相分析所指向的「非有非無」理境。蓋就事識所識取的根、境爲依緣而起，有虛假形相可見，並就事識實有識別的作用，可以見得「非無」道理；就事識所識取的根、境等原來是虛假，沒有自性，既非是我，亦非是我所有，可以見得「非有」的道理。

慧遠還把上述事識的四相綜合爲「事中之事」、「事中之妄」、「事中之眞」三重，說：

> 四中初重，事中之事；中二是其事中之妄；後一是其事中之眞，以非有無道理心故。❹

所謂「事中之事」，顧名思義，是指事識所以爲事識的地方。它相當於四相中的用相；而約前引有關用相的一節話，可知事識作爲事識，其主要作用爲分辨六境的諸相。所謂「事中之妄」，顧名思義，是指事識的迷妄性。它相當於四相中的我相和闇相；而約上引關於這兩種

---

❸　同上註。
❹　同上註。

相的話，可知事識的迷妄地方，在於它執取自性，視事象層面的存在爲眞實，於中分別「我」和「我所」。所謂「事中之眞」，顧名思義，是指事識所透顯的眞理。它相當於四相中的理相；而約上引有關理相一節話，可知事識所透顯的理境，要爲是「非有非無」。

慧遠闡述妄識，亦分用相、我相、闇相、理相四門：

(1)用相：慧遠說：

> 一是用相：謂六識心。妄心變異爲根、塵、識……。於此分中，妄起六識，於自心所起六根，了別自心所作六塵，故名爲用。❺❺

可見妄識的用相跟事識的用相一樣，也是六識。說妄識以六識爲用，是因爲妄識變起六識，而六識有依於六根，了別六境的作「用」。要注意是這引文把諸根和諸塵這些物質事象，也說爲是妄心所變，「自心所作」，顯示了唯心的立場。

(2)我相：慧遠說：

> 二者我相：我有二種：
> 一、法著我：無明變起阿陀那識，執彼妄心所作之法，以之爲有。
> 二、人著我：於彼妄心所起法中，計我、我所，如人夢中見身爲我，外爲我所。❺❻

可見妄識的我相跟事識的一樣，包括「法著我」和「人著我」兩方

---

❺❺　同上註。
❺❻　同上註。

面。說妄識具有「法著我」相，是因爲它執取其自身變起的諸法爲
實有；說妄識有「人著我」相，是因爲它於自身所變起的諸法中，
計執那些是「我」，那些是「我所」有。

(3)闇相：慧遠說：

> 三者闇相：謂無明地，不覺知心，不了眞如，又不能知妄心所
> 起，虛誑無法。❺⑦

可見闇相是關乎妄識的愚闇性；而妄識所以是愚闇，是因爲它爲無
明，亦即《起信論》所提及眾生心的「不覺」一面。它不了悟有清
淨的「眞如」心，爲一切法的根本；亦不察知其所變起的諸法，爲
虛假無實體。

(4)理相：慧遠說：

> 四者理相：即前三重，曰「非有非無」。妄相無體，說爲「非
> 有」；妄情集起，稱曰「非無」。又心所起根、塵、識等，心
> 外無法，名爲「非有」；妄心虛現，故曰「非無」。❺⑧

可見理相是指以上妄識三相分析所指向的「非有非無」理境。蓋就
妄識所變起的根、塵、識等假名相法，爲沒有實體，不能離開妄識
獨立存在，可以見得「非有」道理；就妄識迷妄情動，集起諸法，
而這些法各各有不同表相，不是空無所有，可以見得「非無」道理。

---

❺⑦　同上註。
❺⑧　同上註。

　　慧遠亦把上述妄識的四相綜合爲三重，分別爲「妄中之事」、「妄中之妄」、「妄中之眞」：

> 四中初重，妄中之事；中間兩重，妄中之妄；末後一重，妄中之眞，以非有無道理心故。㊙

所謂「妄中之事」，顧名思義，是指妄識的事用。它相當於四相中的用相；而約上引關於用相的一節話，可知妄識的事用，要爲變起六識、與及六根、六塵。所謂「妄中之妄」，顧名思義，當是指妄識所以爲妄識的地方。它相當於四相中的我相和闇相；而約上引有關這兩種相的話，可知妄識所以是「妄」，主要在於它執取其所變起的諸法爲實有，於中計別我和我所；而不認識它們爲依心識存在的假名法，亦不認識有作爲假名法存在之本據的眞如心。所謂「妄中之眞」，顧名思義，是指妄識所透顯的眞理。它相當於四相中的理相；而約上引有關理相一節話，可知妄識所透顯的理境，要爲是「非有非無」。

　　至於眞識，它亦有用相、我相和理相，唯沒有闇相，代之者爲無分別相：

⑴用相：慧遠說：

> 一是用相：謂六識心。眞心變異爲根、塵、識……。所作六識，依於眞心所作六根，了別眞心所作六塵，故名爲「用」。㊚

　　可見眞識的用相跟妄識的一樣，要爲六識。值得注意是這節狀述眞

㊙　同上註。

㊚　同上註。

識用相的話，跟前引狀述妄識用相那節話，幾乎完全相同。對此慧遠有如下解釋：

> 六識眞（識）妄（識）共起。攝六從妄，皆妄心爲⋯⋯；攝六從眞，皆眞心作。❻

慧遠指出前六識爲「眞妄共起」，爲眞識和妄識所共同生起。❻如是要是「攝六從妄」，純粹自妄識角度觀六識，則說它們是妄識的用相；要是「攝六從眞」，純粹自眞識角度觀六識，便說它們是眞識的用相。

(2)我相：慧遠說：

> 二者我相：於此分中，我有二種，相狀如何？
> 一、法實我：如來藏性，是眞是實，性不變異，稱之爲「我」。又此眞心，爲妄所依，與妄爲體，故說爲「我」。⋯⋯
> 二者假名集用之我：佛性緣起，集成我人。⋯⋯此即《涅槃》六法中我，五陰及我，是其六也。❻五陰離分，即爲五法；五陰和合，集成假人，爲第六法。⋯⋯良以眾生眞妄所集，⋯⋯攝之從眞，皆是眞作。今就眞作，判爲此門。❻

可見眞識的我相包括「法實我」和「假名集用我」兩方面。說眞識

---

❻ 同上註。

❻ 慧遠在上文自「攝末從本」方面論說事、妄、眞三類識的分別時，便曾先後舉出妄識和眞識，爲六種事識之所本。

❻ 參見北本《涅槃經》卷32〈師子吼菩薩品〉第11，《大正藏》卷12，頁556中。

❻ 同本章註❷，頁526下－527上。

是「法實我」，是因爲它是如來藏；而作爲如來藏，它是最究極的
眞實，永不變異，兼且是所有生死界妄法所依之本體。至於「假名
集用我」，是指五蘊「集」合所成、爲「假名」不眞實的事象層面
的「我」。這假名我是眞識隨妄緣所集起，眞識跟它雖然是兩個不
同層面的存在，卻有本末的關係；由是攝之從本，乃把它歸入眞識
的範圍，說之爲眞識的我相。

(3)無分別相：慧遠說：

> 三、無分別相：眞心雖是神知之性，而非攀緣取捨之法，故無
> 分別。又爲癡覆，未同佛智照明顯了，故無分別。**❻**

這裡提及「神知之性」，而依上文分析所見，慧遠所謂「神知」，
亦即是了別；如是眞識的無分別相，是跟了別有關。說眞識的了別
爲無分別，有兩方面意義：首先，眞識的了別跟其他識的不同，並
無攀取緣求，無所取亦無所捨，故說它是「無分別」。其次，眞識
的了別又跟佛智不同，往往受愚癡覆蔽，未能照了事物的實態，故
說它是「無分別」。

(4)理相：慧遠說：

> 四者理相：即前三重，體非有無。如實空義，離一切相，離一
> 切性，名爲「非有」；如實不空，具過恒沙清淨法門，故曰
> 「非無」。又能緣起生一切法，名爲「非無」；而體常寂，稱
> 曰「非有」。**❻**

---

❻　同上註，頁527上。

❻　同上註。

可見真識的理相跟事識和妄識相似，包括「非有」和「非無」兩方面。說真識是「非有」，是因為它如其實是「空」，沒有現象層面存在之一切性、相的分殊，自身為恒常冥寂；說真識是「非無」，是因為它如其實是「不空」，具足恒河沙數的清淨特質，並且隨緣生起一切法。

慧遠也把上述真識的四相綜合為三重，分別為「真用」、「真」、「真性」：

> 此四重中，初重真用，中二真，後一真性，真如理故。❻❼

「真用」者，顧名思義，是指真識的作用。它相當於四相中的「用相」；而約上引有關用相的一節話所示，真識的主要作用要為變起前六識、與及六根、六塵。所謂「真」，當是指真識自身。它相當於四相中的我相和無分別相；而合觀上引有關這二相的話，真識自身可大別為兩方面：一方面它是最究極的真實本體；而作為最究極的真實本體，它是永恒不變，其覺知是沒有一切執取；另方面它又隨緣；而在隨緣時，它會變起不真實的假名我體，其覺知也會受到煩惱覆蔽。至於「真性」，顧名思義，是指真識的本性。它相當於四相中的理相；而依上引有關理相的一節話所述，真識的本性既是恒常冥寂，是「空」；又是具足所有清淨法門，是「不空」。

(五)三識分類：本識、阿陀那識、六識

以上所述的三識分類，把識自末至本，劃分為事、妄、真三重，

---

❻❼　同上註。

各各標示其特點，慧遠稱之爲「事、妄及眞離分爲三」。**❻❽**當中作爲最基本一重的眞識，又名如來藏，爲遠離所有計取分別；既有空的一面，又有不空的一面；既是常恒不變，又隨緣變起萬法；跟《大乘起起論》所講的眞如心沒有分別。這顯示這種三識分類，是以如來藏典籍的眞心思想爲本據。《大乘義章》〈八識義〉還申述了另外兩種三識分類，牽涉及瑜伽行學派的心識觀念；其中較多提及的，爲下述的本識、阿陀那識、六識分類：

> 如《攝論》說，一是本識，二阿陀那識，三生起六識。……據妄攝眞，眞隨妄轉，共成眾生。於此共中，眞識之心，爲彼無始惡習所熏，生無明地，所生無明，不離眞心，共爲神本，名爲「本識」，此亦名爲「阿梨耶識」。故《（起信）論》說言：如來之藏不生滅法，與生滅合，名「阿梨耶」。**❻❾**
> 此阿梨耶，爲彼無始我見所熏，成我種子。此種力故，起阿陀那執我之心。依此我相，起於我見、我慢、我愛。執何爲我？依彼本識，變起陰身，不知此無，執之爲我。
> 又此本識，爲無始來六識、根、塵名字熏故，成其種子。此種力故，變起六種生起之識、及六根、塵。**❼❿**

引文表示這分類是出自《攝大乘論》；當中的本識，是指受到無始惡習熏習、進入無明狀態、跟妄法一起流轉的眞識；亦即《起信論》所

---

❻❽　參見同上註，頁526上。

❻❾　參見《大正藏》卷32，頁576中。

❼❿　同本章註**❷❼**，頁529下。

講那跟生滅相結合的如來藏；亦名「阿梨耶識」。至於阿陀那識，乃是本識受到無始我見熏習，形成我見種子，由這些種子所變起。它執取本識所變起的五陰身爲我，以至產生我見、我慢、我愛諸煩惱。至於六識，它們是本識受到無始六識名字熏習，形成六識種子，由這些種子所變起。引文同時提到諸根和諸塵是由無始根、塵名字熏習本識，從而變起，透露出唯識的構思。又由於這三識分類中的本識，爲眞妄和合所成；以之爲本，乃有阿陀那識、六識這兩重末識生起；因此慧遠稱這分類爲「眞妄和合本末分三」。

慧遠舉出《攝大乘論》這瑜伽行基本教典，爲本識、阿陀那識、六識這三門分類的出處，其解說用到「種子」、「我見熏習」、「名言熏習」等瑜伽行典籍常用的觀念。還有這分類中的阿陀那識，在以執我爲特性，和在有我見、我慢、我愛等煩惱這些地方，跟瑜伽行典籍所講的染污意相似；這分類所講的本識，在隨妄流轉、和在具生滅相這些地方，又跟瑜伽行典籍所說的阿賴耶識相近。凡此種種，都顯示慧遠是要以這三門分類，涵攝瑜伽行的心識思想。但另一方面，這分類中的阿陀那識所執爲我者，乃是五陰身，這跟瑜伽行學派所講的染污意，以阿賴耶識爲其所執對象，非常不同。又這分類雖刻意突顯本識的迷妄一面，以求和會瑜伽行的心性本染觀點，但其釋說清楚顯示本識還有眞淨一面，顯然沒有離開心性本淨立場。

㈥心識依持

從上述慧遠所出的三種主要心識分類所見，慧遠在心識問題上，是以如來藏教學的眞心思想爲本位，對瑜伽行教學的心識觀念，作出

涵攝，當中牽涉複雜的觀念意義改造。加上當時瑜伽行和如來藏教學在中國剛開始流行，學者對它們的界別仍未有確切了解，由是難免出現混淆情況。例如八識分類中的阿陀那識，大體相當於《起信論》所說的意；而本識等三識分類中的阿陀那識，則跟瑜伽行典籍所說的染污意多有相近。還有八識分類中的阿梨耶識，基本上是指眞心自體；而本識等三識分類則以「阿梨耶」之名，來稱呼跟妄相和合的本識。何以同名而有異義？這些異義當怎樣會通？慧遠並沒有作出說明。而且其著作用到這些名字時，大都沒有明確表示所指是那一義。

　　慧遠包攝如來藏和瑜伽行兩系心識思想的意圖，與及其中欠明晰的地方，在他討論心識的依持關係時，亦清楚表現出來。慧遠以爲不同層面心識之間，存在著依持的關係。他在《大乘義章》〈八識義〉特闢一門，探討這關係，作出兩種解說。第一種是「就眞妄相對以說依持」，當中又包括三重：

> 前中有三：一（就）眞妄相對以辨依持、二唯就妄、三唯就眞。
>
> 眞妄相對依持如何？前七妄識，情有體無，起必託眞，名之爲「依」。……第八眞心，相隱性實，能爲妄本，住持於妄，故說爲「持」。……
>
> 次就妄中以辨依持：第七妄識，諸虛僞本，說爲「能持」；前六事識，依妄而起，說爲「能依」。……
>
> 次唯就眞以辨依持：眞有體用。本淨眞心，說之爲「體」；隨緣隱顯，說以爲「用」。用必依體，名之爲「依」；體能持用，說以爲「持」。❼

---

❼　同上註，頁532下－533中。

以上解說是本於事、妄、眞這三識分類。在這三類識中，六種事識和妄識都具有迷妄性，因此這裡統稱它們爲妄識；而這七種妄識跟眞識、這七種妄識自身、與及眞識自身，都具有依持關係。首先，七種妄識都是沒有自體，是依託眞識生起，故是「依」；眞識在隨緣時，隱去清淨本性，成爲七種妄識的根本，故是「持」。這一重慧遠稱爲「眞妄相對以辨依持」。其次，七種妄識中的妄識，又是六種事識的根本，是「能持」；六種事識是依於妄識而起，是「能依」。這一重慧遠稱爲「就妄中以辨依持」。還有，眞識有體和用兩方面，其體方面是本淨的眞如心，其用方面爲隨緣而起的生滅相；而用生起必「依」託體，體有住「持」用的功能。這一重慧遠稱爲「就眞以辨依持」。

第二種解說是「就眞妄共相識中本末相對以辨依持」：

> 次就眞妄共相識中本末相對以辨依持：眞與癡合，共爲本識，依本共起阿陀那識，依本共起六種生識。於此分中，本識爲本，餘二爲末。末生依本，名之爲「依」；本能持末，流注不斷，說之爲「持」。⓻

以上解說是本於本識、阿陀那識、六識這三識分類。本識是兼具眞妄兩面的「共相識」，依這共相識而有阿陀那識，亦依這共相識而有六識。當中本識是本，是「持」；阿陀那識和六識是末，是「依」。至於阿陀那和六識這兩類末識之間，則祇有間接依持關係，沒有直接依持關係：

⓻　同上註，頁533中。

問曰：末中阿陀那識共起六識，得有相依持義不？

釋言：不得。於此分中，六識親從本識而起，本識變爲，體是本識故。望本識説依説持，非阿陀那變爲六識。……若就緣由，説依説持，亦得無傷。是義云何？由阿陀那執我心故，熏於本識，……變起六識及六根塵，離之則無。……從是義，得説依持。❼❸

引文表示要是就以阿陀那識爲「緣」，熏習本識，方有六識變起這點看，亦可説阿陀那識和六識互相依持。❼❹唯這依持關係是要透過本識建立；阿陀那識並非六識之體，本識方才是六識之體，爲六識直接所依。

　　以上慧遠約兩種不同三識分類，對心識之依持關係，作出兩種不同解説。如上文所述，兩種三識分類反映了慧遠對如來藏和瑜伽行兩系心識教説的繼承；因此以上兩種依持解説，可視爲慧遠對如來藏教學和瑜伽行教學的心識關係觀的詮釋。又跟提出兩種三識分類時一樣，慧遠以兼收並蓄形式，平列兩種不同説法；對兩種説法所牽涉觀念之間的關係、兩種説法當如何通貫等，並沒有清楚説明，從而給人混雜堆砌、系統不明的印象。

(七)心識熏習

　　瑜伽行教學和如來藏教學的最大貢獻之一，是它們提供一套理念

---

❼❸　同上註。

❼❹　關於本識、阿陀那識、六識之間的熏習情況，詳見本章下〈心識熏習〉一節。

架構，配合熏習觀念，爲輪迴流轉、還滅解脫這佛教最中心課題，提供理論說明。慧遠作爲這兩系教學在中國的傳承者，亦重視熏習問題，在《大乘義章》〈八識義〉特闢一節加以討論，內中涉及到流轉還滅，顯示了他對這佛教中心課題的看法。

慧遠論述熏習觀念，跟他論述依持觀念一樣，約兩種三識分類，提出兩種不同解說。第一種「就眞妄別相識中以辨熏習」，是以事、妄、眞三識分類爲綱；當中分「定熏習體」、「總釋熏義」、「廣顯熏相」三門，其立論一是以《起信論》爲根據。例如「定熏習體」一門依從《起信論》的分析，大別熏習爲淨法、染因、妄心、妄境四種：**⑦**

> 熏習法者，《起信論》中，說有四種：一、淨法熏習，所謂眞如。二、染因熏習，所謂無明。三、妄心熏習，所謂業識，第七識中，始從業識，乃至相續，通名業識。四、妄境熏習，所謂妄想心所取僞境。**⑦**

又「總釋熏習」一門總述熏習的意思，止於複述《起信論》以香熏衣服爲喻那節話的大旨：**⑦**

> 如論中說：熏習義者，如衣無香，熏之令有。心亦如是，眞中無染，妄熏令有；妄中無淨，眞熏使有。**⑦**

---

⑦ 《起信論》這四種熏習說法，參見本章第1節。

⑦ 同本章註**㉗**，頁533中。

⑦ 《起信論》對「熏習」一辭之界定，見本章註**⑱**所舉引文。

⑦ 同本章註**㉗**，頁533下。

　　至於「廣顯熏相」一門分「起染」和「起淨」兩部分，詳細顯示熏習的意義，分別牽涉到流轉和還滅的發生之問題；而兩部分也都是以《起信論》的說法爲依歸。

　　在講述「起染」而有流轉時，這解說引用了本章註⓳所出《起信論》關於「熏習起淨法」的一節話，作爲說明：

> 如論中說：以依第一眞如法故，便起第二無明染因。以有無明染法因故，熏習眞如，便起妄心。……以有妄心，熏習無明，不了眞如寂滅平等，不覺念起，便生妄境。……以有妄境，熏動妄心，便起念著，造種種業，受種種苦。⓴

本章上文分析《起信論》這節話，指出依其所述，輪迴流轉的發生，涉及四重轉化：

(1)眞如心生起無明。

(2)無明熏習眞如心，生起妄心。

(3)妄心熏習無明，生起妄境。

(4)妄境熏習妄心，生起念著，而有生死輪迴之苦。

這四重轉化從「眞如心生起無明」一重開始，而這裡有一理論疑難，是《起信論》所說的眞如心是自性清淨，常無染污，具足一切佛法功德；而「無明」有愚闇無知的意思，自原始佛教以來，一向被列舉爲十二支緣生法的第一支，是公認的生死輪迴的根本。⑧⓪這兩種體性完

⓴　同上註。

⑧⓪　《起信論》這樣界定「無明」：「所謂心性常無念故，名爲『不變』。以不達一法界故，心不相應，忽然念起，名爲『無明』。」（《大正藏》卷32，頁577下）

全相反的東西，怎地會相生？關於這點，《起信論》並沒有作出解釋，成爲其敎說的重大理論破綻。❽慧遠歸納這四重轉化所牽涉的熏習，爲眞如熏習、無明熏習、妄心熏習、妄境熏習四種；❽在申述眞如熏習時，有以下的話：

衆生心本性上是遠離一切念慮，祇是因爲衆生從無始時來未能如實了知眞一無二的眞理界（「一法界」），不能與眞理界相應，忽然而有念慮生起，這便是無明。同論稍後又這樣形容無明：「無明義者，名爲智礙，能障世間自然業智故。……以一切法常靜，無有起相。無明不覺，妄與法違，故不能隨順一切境界種種知故。」（同上）無明是「智」慧的障礙，使到衆生不能像佛一樣，「自然」地相應「世間」各種事相，作出恰切的「業」用。又一切法自本性觀原來都是空寂的；由於無明「不覺」，與法「性」相「違」，衆生遂「不」能「順」應外境，有「種種」正確識「知」。

慧遠在《大乘義章》〈十使義〉論及無明，有如下界說：「言『無明』者，依如《毘曇》，癡闇之心，體無慧明，故曰無明。若依《成實》，邪心分別，無正慧明，故曰無明。……大乘法中，癡闇取執，並是過患，兩義兼取。」（《大正藏》卷44，頁582下－583上）可見慧遠認爲「無明」兼具愚癡和執取的特性。慧遠在《大般涅槃經義記》卷1把無明分爲兩種：「無明有二：一性結無明，迷覆實性。對除彼故，覺窮自實如來藏性，故名爲『覺』。二事中無知，不了世諦。對除彼故，覺知一切善、惡、無記三聚之法，故名爲『覺』。」（《大正藏》卷37，頁617中）第一種「性結無明」是根本的無明，它迷覆如來藏的清淨實性。第二種「事中無明」，指不明了世間事理，包括善、惡、無記諸法的分別。

❽ 關於《起信論》這理論破綻，參閱釋恆清：〈大乘起信論的心性論〉，《臺大哲學論評》第12期（1989年），頁244－248。

❽ 《起信論》講熏習起染，而有流轉，祇舉出後三種熏習；「眞如熏習」在《起信論》是屬於起染還滅方面的觀念。

眞如熏習所起亦二：一起無明，二起妄心。以彼眞如無分別
故，能起無明；覺知性故，爲惑所覆，便生妄心。㊽

這裡談到眞如生起無明，表示「以彼眞如無分別故，能起無明」，似
乎是在解答上述的疑難：眞如心「無」一切「分別」念，包括「明」
和「無明」爲不同的分別念；因此它雖然本性是「明」，卻不排斥
「無明」，也便「能起無明」了。㊼

在講述「起淨」而有還滅，這解說分「眞熏妄」和「妄熏眞」兩
重，作出解釋。其中「眞熏妄」一重又包括兩種熏習：「眞體熏習」
和「眞用熏習」。這解說引述《起信論》有關眞如熏習中的「自體相
熏習」一節話，來說明眞體熏習：

（眞）體熏習者，如論中説：從無始來，具無漏法及不思議作
業之性，熏習妄心，能令眾生厭生死苦，樂求涅槃。自信己身
有眞如法，發心修行。法身本體，名無漏法；報佛本目，名作
業性。㊺

又引述《起信論》有關眞如熏習中的「用熏習」一節話，來說明眞用
熏習：

（眞）用熏習者，論自釋言：即是眾生外緣之力。謂佛、菩薩

㊽　同本章註㉗，頁533下。
㊼　其實這解釋祇說明了眞識可以生起無明，並沒有説明眞識何以要生起無
　　明，因此並沒有徹底解決上述的疑問。
㊺　同本章註㉗，頁534上。又參見《大乘起信論》，《大正藏》卷32，頁578
　　中。

　　證如起用，攝化眾生，令修善法。❽

如是所謂「眞熏妄」，無非是《起信論》所述還滅之三重轉化的第一
重。在這最初一重，以無始時來具足無漏功德的眞如心爲內因，以
佛、菩薩的攝化爲外緣，眾生的妄心生起厭生死苦、求涅槃樂的願
求。至於「妄熏眞」一重，這解說引用本章註❷所出《起信論》述
「熏習起淨法」一節話，取其中有關還滅的第二、第三兩重轉化的部
分，以爲解釋：

> 下次明其妄心熏眞，發生淨法。……論自釋言：以有妄心厭離
> 生死，求涅槃故，熏習眞心，自信己性唯是眞如；如外無法，
> 但是妄心顚倒所見。以知外境無所有故，種種方便，修習離染
> 趣眞之行。雖有所修，不取不念；久修力故，無明則滅。無明
> 滅故，妄心不生；妄心不生故，妄境隨已。心相俱盡，名得涅
> 槃；得涅槃故，自然成就不思議業用充法界。❽

如是所謂「妄熏眞」，無非是《起信論》所述還滅之三重轉化的第
二、第三重。在第二重，以第一重轉化所產生妄心那厭生死苦、求涅
槃樂的意願爲因，轉過來熏習眞如心，叫修行人確信自身本具的眞如
性、徹見心外無境的眞理，從而修習歸向眞心、離開妄境的清淨行。
在第三重，以第二重轉化所產生的清淨行爲因，熏習無明，最後令到
無明完全消滅。而隨著無明消滅，眞如心不再受其熏染，也便不再有
妄心和妄境生起，這便是得證涅槃。又上引關於起淨還滅的各段落，

---

❽　同上註。又參見《大乘起信論》，《大正藏》卷32，頁578下。
❽　同上註，頁534中。

先後出現「自信己身有眞如法」、「自信己性唯是眞如」的話，並把眞如心所具無漏法，等同佛的法身；顯示這解說以確識自心本具的眞如性，爲起淨還滅的關鍵；並認爲覺悟成佛，是不假外求。

綜觀上述「就眞妄別相識中以辨熏習」，其解說完全是以《起信論》的說法爲本；而這說法的特點，正如本章第一節所指出，是它不涉及種子觀念，容許染淨互熏，講流轉和還滅都是以眞如心爲中心，把還滅說爲是覺悟本性的事。然而慧遠又舉出另外一種對熏習的解說，約它是以本識、阿陀那識、六識這三門心識分類爲總綱，統稱之爲「就眞妄共相識中以辨熏習」。這解說包括「辨熏相」、「明能熏所熏差別」、「明受熏不受熏異」三門，其立論則多本於《攝大乘論》。例如第二門列舉諸「能熏」和「所熏」法，便依從《攝大乘論》的分析，大別前者爲「名言熏習」、「我見熏習」、「有支熏習」三種。⑱大別後者爲「引生」、「果報」、「緣相」、「相貌」四種。⑲

這解說的第一門「辨熏相」，把熏習的運作劃分爲「阿陀那識共本識相熏習」和「六識共本識相熏習」兩重，各有起染和起淨兩方面。關於前一重，有如下說明：

> 彼阿陀那執我之心，熏於本識，成我種子。本識受彼陀那熏

---

⑱　有關這三種熏習，參見本章第1節。至於《攝大乘論》和慧遠的析說，前者參閱其〈所知依分〉第2和〈所知相分〉第3，《大正藏》卷31，頁137上－中、138上，後者參閱同上註，頁535上。

⑲　「引生」第四種熏習之說見《攝大乘論》卷上〈所知依分〉第2，《大正藏》卷31，頁137中。至於慧遠的說明，參閱同本章註㉗，頁535上－中。

已，還能引彼心中我性，生阿陀那。如是相熏，往來無窮。
……

由六識中聞無我教，修無我解，熏於本識，成無我種。本中真
心，受彼熏已，熏於本中無明令薄；無明薄故，令無明中我種
轉薄；我種薄故，轉生陀那，執我亦薄。如是展轉，乃至窮盡。❾⓿

這引文狀述阿陀那識跟本識兩者之間互相熏習之情況，其前半是關於
起染，其後半是關於起淨。在起染方面，阿陀那識的執我作用現行，
熏習本識，形成「我種子」；而本識受到阿陀那識熏習，復牽動心中
的我性，熏生阿陀那識。如是兩者往還互熏，無有盡期。在起淨方
面，六識得聞無我道理，生無我正解，熏習本識，形成「無我種
子」。又本識乃真妄合成的識，而無我種子的形成，驅使其真的一面
發用，熏習作為其妄的一面的無明，叫無明勢用轉弱。隨著無明勢用
變弱，本識所熏生的阿陀那識的我執作用日減，直至最終完全消失。
關於第二重六識跟本識互相熏習的情形，有如下申述：

彼六識中，起染起淨。

所起染過，熏於本識。彼本識中，所有闇性，受性染熏，成染
種子。種子成已，無明厚故，引生六識，於六識中染過轉增。
如是展轉，積習無窮。

於六識中，所修善行，熏於本識。於本識中，佛性真心，名為
「解性」；解性受彼淨法熏已，成淨種子。淨種成已，熏於無
明，無明轉薄；無明薄故，變起六識，於六識中起善轉勝。如

---

❾⓿　同本章註㉗，頁534下。

是展轉，乃至究竟。❾❶

這引文跟上引文一樣，前半是關於起染，後半是關於起淨。在起染方面，六識的迷染作用現行，熏習本識，形成「染種子」。染種子形成後，復熏習無明，叫無明的勢用轉強，從而熏生迷染性更深重的六識。這樣展轉相熏，無窮盡時。在起淨方面，六識修習善行，熏習本識，形成「淨種子」。這些淨種子既形成，又熏習無明，叫無明的勢用轉弱·隨著無明勢用變弱，本識所熏生的六識所習善行日益增勝。如是展轉相熏，直至證得究竟。

　　以上兩重熏習的析說，一再用到種子觀念。當中第一重相熏的阿陀那識和本識、與及第二重相熏的六識和本識，都是具有染污成分的識，因此大體不涉及染淨互熏情況。又兩重熏習都包括起染和起淨兩方面，而起染的結果乃是輪迴流轉，起淨的結果乃是還滅解脫。而以上講到兩重起染，分別從阿陀那識和六識說起，講到兩重起淨，分別歸因於六識聽受無我教說和六識修習善行；把流轉和還滅的原動力，說爲是來自末識，而非源自本心。凡此地方，都跟前述「就眞妄別相識中以辨熏習」一項所作解說殊異，而叫人想起瑜伽行學派對熏習和對流轉還滅的看法。再加上這解說處處引述《攝大乘論》的話爲據，凡此都顯示出慧遠所以另設「就眞妄共相識中以辨熏習」一項，乃是要涵攝瑜伽行教學的觀點。

　　本章第一節介紹瑜伽行學派的流轉還滅思想，指出瑜伽行教學把還滅說爲是舊有的識的轉捨，跟如來藏教學視還滅爲心的原有覺性的

❾❶　同上註，頁534下－535上。

展現，構思非常不同。這解說第三「明受熏不受熏異」一門，當中之「言熏轉」部分，談及本識、阿陀那識、六識這三種識的熏習所導至還滅過程中所有的轉變，把還滅說為是這三種識不再生起，跟瑜伽行的構思多有類似。關於六識的熏轉，它說：

> 分別有三：
>
> 一、六識中修善造惡，熏於本識，成善惡種。此種成已，熏生六識，善惡不定。惡種熏起，惡增善減，如斷善人；善種熏起，善增惡減，如生善人。
>
> 二、六識中修習空觀，觀生無我，觀法無我，熏於本識，成解種子。此種成已，壞本識中有見種子。有種壞故，所生六識不起有見；有見息故，分段漸滅。
>
> 三、六識中修習真觀，觀法本來純真無妄，能令妄法更不生；復熏於本識，壞無明地。無明壞故，本識不成；本不成故，六識種子無處存立；種不立故，分段之中六識不生；六不生故，空觀亦滅；空觀滅故，變易轉盡。變易盡處，名得涅槃。❷

這裡大別六識的熏轉為三重：

(1)六識修善造惡，熏習本識，形成善惡種子，導至善惡的轉變：其六識造惡多者，其惡種子日增，其善種子日減，以至成為斷去善根的人；其六識修善多者，其善種子日增，其惡種子日減，以至成為天生向善的人。

---

❷　同上註，頁536上。

(2)六識修習人、法兩種空觀，熏習本識，形成解種子，導至輪迴形式的轉變：隨著解空種子形成，本識所積習的有見種子受到破壞，從而其所生的六識再不起有見。其最終結果是不再有六道眾生的「分段生死」，唯有三乘人的「變易生死」。❾❸

(3)六識修習真觀，熏習本識，導至輪迴結束：❾❹真觀熏習本識，令到本識的無明方面受到破壞。而隨著無明消失，再沒有無明熏習真如心，便不會有本識形成，從而也不會有六識生起，至此不但「分段生死」亡盡，「變易生死」亦歸無有。

上述六識三重熏轉的結果，為輪迴的終止，故可視它們為還滅的三個階段。而依上述，在第三的終結階段，是「本識不成」，「六識不生」。關於阿陀那識的熏轉，有以下一節話：

> 分別有二：
>
> 一、六識中聞說無我，起聞思修，熏於本識，成無我種。此種力故，熏阿陀那，我執漸微，無我解起。
>
> 二、六識中聞說佛性常住，真我古今平等，如如一味，起聞思修，熏於本識，壞無明地。無明壞故，本識不成；本不成故，種子不立；種不立故；執識不生；執不生故，無我解滅。
>
> 前離我執，經中名為滅煩惱障；後離無我，名除智障。❾❺

---

❾❸　「分段」和「變易」兩種生死的觀念出自《勝鬘經》，前者是有形質和壽命段限，後者則否。

❾❹　有關「真觀」的涵義，參見本章註❾❽。

❾❺　同本章註❷❼，頁535下－536上。

引文大別阿陀那識的熏轉爲二重：

(1)六識聽聞無我教說，起相應這教說的思惟和修行，熏習本識，形成
無我種子，進而熏習阿陀那識；叫阿陀那識的我執作用轉弱，生起
無我的見解。❾

(2)六識聽聞佛性常住教說，起相應這教說的思惟和修行，熏習本識，
令到本識的無明方面受到破壞。而隨著無明消失，再沒有無明熏習
眞如心，便不會有本識形成，從而也不會有阿陀那識生起，至而無
我見解亦消滅。

又引文把第一重說爲是滅煩惱障階段，把第二重說爲是滅智障階段；
而這二障的滅除，亦即是輪迴的結束；❾故上述阿陀那識的兩重熏
轉，可視爲還滅的兩個階段。而上引文闡述第二的終結階段，提到
「本識不生」，「執識（即阿陀那識）不生」。

---

❾ 慧遠力言阿陀那識可以生起無我見解。他提到當時有些人表示阿陀那識的
特性是執我，因此不能有無我見解，就此作出如下反駁：「凡夫本來數聞
說我，生於我想，熏於本識，成我種子。此種力故，生於執心，定計有
我。此人後時聞說無我，生無我解，熏於本識，成無我種。此種之力，生
於執心，定計無我，何爲不得？爲是一切聲聞緣覺、諸小菩薩，於一切時
常計無我。此我、無我，皆從熏生。執我之心，於大乘中名『煩惱障』；
無我之執，於大乘中名『智障』。」（同上註，頁535下）綜合慧遠之意，
阿陀那識執取我，有兩種不同：一是計取有我，二是計取無我；前者爲凡
夫之失，後者爲二乘人和諸小菩薩之失。而約後者，乃可說阿陀那識生起
無我之見。慧遠還指出這兩種計取，分別即大乘教所講的「煩惱障」和
「智障」。

❾ 關於煩惱障和智障，參閱上註。《大乘義章》卷5有〈二障義〉一科，詳述
這兩種障。

　　以上所見第二種熏習解說，跟作爲其綱領的「本識、阿陀那識、六識」三門心識分類一樣，處處表現出涵括瑜伽行觀點的企圖。又正如慧遠雖另立一種三識分類以收攝瑜伽行的心識本妄思想，但這分類其實並沒有偏離眞心爲本的看法；同樣，慧遠雖另立一種熏習解說，以配合瑜伽行的眞妄不互熏、還滅爲本識消滅的見解，但這解說其實並不排除眞妄互熏的可能；在講說本識、阿陀那識、六識歸於消滅的同時，字裡行間透露出有更根本的眞心常存之意。例如「辨熏相」一門闡釋起淨，述及眞心熏習無明，又述及淨種子熏習無明，便都涉及眞妄互熏；「言熏轉」一節在闡釋六識熏轉時，提到修習「眞觀」，而所謂「眞觀」，即觀見萬法「本來唯眞無妄」，以眞心爲其究極本源。❾❽關於眞心常存方面，最值得注意者，爲以下有關本識熏轉的一節話：

解有二種：
一、由諸識修善起惡，熏於本識，令本識中善惡二種遷轉不
　　定，或增或減。
二、由修習眞觀力故，熏滅無明，令眞稱本，常寂不動。❾❾

這裡大別本識的熏轉爲兩種：
⑴諸識修善造惡，熏習本識，令本識所積習的淨、染種子或增或減。
⑵諸識修習眞觀，熏習本識，令其無明方面消滅，其眞淨方面如其本
　性呈現，寂然不動，永不變改。

----

❾❽　參見同本章註❷❼，頁535下。
❾❾　同上註。

其所述的第二種熏轉，明顯是以心性本淨思想爲背景，把還滅看爲本性顯露的事情。

整體看，慧遠在心識熏習問題上，跟他在心識分類和心識依持問題上一樣，基本上是以如來藏教學立場爲本位，對瑜伽行教學的觀點作出涵攝。其設論方式是先根據前者，設立一種解說；繼而因應後者，安立另一種解說，其中包括前一解說的一些成分。他並沒有進而會通二說，作出全體通貫的陳述。這反映在南北朝中、晚葉瑜伽行和如來藏思想初傳階段，嚴密的心識思想體系還未形成。

(八)三性

以上一再提到慧遠以如來藏心識思想爲本位，對瑜伽行心識觀念作出涵攝；而觀念的涵攝，往往導至意義的轉換。慧遠對瑜伽行的三性觀念的詮釋，便是最典型例子。

「三性」是公認的瑜伽行教學中心教說。本章第一節根據《攝大乘論》，指出它基本上是對存有性相的分析，可視爲大乘佛教性空教說的一種詮釋。慧遠討論三性，主要見於《大乘義章》〈八識義〉有關三門心識分類部分。在那裡，「三性」是被看作三識分類之一種，而被提出：

> 次第二門眞妄離合以說三種。……名字如何？一分別性、二依他性、三眞實性。⑩

---

⑩　同上註，頁528上。

本章第四節所述「事識、妄識、眞識」三門心識分類，就它注重突出事、妄、眞三種心識之間的分別，慧遠稱之爲「事、妄及眞離分爲三」。本章第五節所述「本識、阿陀那識、六識」三門心識分類，就它注重申示眞、妄兩重心識結合而產生的本末變化，慧遠稱之爲「眞妄和合本末分二」。慧遠還舉出另一種三門心識分類：分別性、依他性、眞實性；就它兼及眞妄兩重心識的分離和結合兩方面，稱之爲「眞妄離合以說三種」。而「分別性」、「依他性」、「眞實性」，分別亦即本章第一節所述的「遍計所執性」、「依他起性」、「圓成實性」這三性的異稱。❿

　　慧遠這樣界定「分別」一名：

　　　　言「分別」者，就妄論妄。妄心虛構，集起情相，隨而取捨，
　　　　故曰「分別」。❿

又界別「分別性」爲四重：

　　　　復更有四：
　　　　一、妄識心：迷眞起情。
　　　　二、虛僞相：依情起於外境界相。……
　　　　三、事識心：迷前妄境，不知心起，取爲實有。
　　　　四、所取相：由前心取事相境界，作實相現，來應己心。❿

---

❿　近人多依唐初玄奘（約602－約664）的翻譯，稱三性爲「遍計所執性」、
　　「依他起性」、「圓成實性」。慧遠所用的三性譯名，出自眞諦的譯書。
❿　同本章註❷，頁528上。
❿　同上註，頁528中。

從這兩節話所見，「分別性」是「就妄論妄」而安立的觀念，專指心的迷妄一面。這又包括「事、妄、眞」三門心識分類中的「妄識」和「事識」，與及依這兩種識而有的「虛僞相」和「所取相」共四重。首先，「妄識」生起情執，從而導至「虛僞」的外境界「相」起現；繼而「事識」執取外境界爲實有，從而導至有貌似眞實的「所取相」起現，跟事識的能取性相應。上述四重迷妄心的活動，牽涉虛妄的迷執計取，故統名之爲「分別」。

慧遠這樣界定「依他」一名：

> 依他性者，約妄辨眞。妄起託眞，眞隨妄轉，故曰「依他」。❿

又界別「依他性」爲三重：

> 亦得分三：
>
> 一是本識：如來之藏，爲於無始惡習所熏，生無明地，與之和合，共爲本識。
>
> 二、依此本識，起阿陀那執我之心。……此所生體，然是本識，本識變異爲此執故……。
>
> 三、依本識生起六種根、塵及識。……然此所生體是本識，本識變異爲此事故。❺

依這兩節話所見，「依他性」是「約妄辨眞」而安立的觀念，顯示心的妄一面是依託眞的一面生起，心的眞的一面是跟隨妄的一面運轉。

---

❿　同上註，頁528上。

❺　同上註，頁528下。

這又包括「本識、阿陀那識、六識」三門心識分類中所有三類識。首先，眞淨的如來藏受無始惡習所熏習，跟無明和合，形成本識；繼而以本識爲體，有阿陀那識和六識現起。本識、阿陀那識、六識這三種具有迷妄性的識，或是直接，或是間接，都是依託眞淨的如來藏產生，是眞淨如來藏隨緣運轉而有的結果，故統名之爲「依他」。

慧遠這樣界定「眞實」一名：

　　眞實性者，就眞論眞。眞體常寂，無妄可隨，故曰「眞實」。**⑯**

又界別「眞實性」爲「空」和「不空」兩方面：

　　復有二種：
　　一、如實空：離性離相。
　　二、如實不空：見過無量恒沙淨法。**⑰**

從這兩節話所見，「眞實性」是「就眞論眞」而安立的觀念，專指心的眞實一面。心這眞實方面是恆常冥寂，沒有任何迷妄成分。就慧遠引用《起信論》用來狀述心眞如門的「空」及「不空」二門觀念，來狀述眞實性，可見他所謂眞實性，無非即是《起信論》所講的心眞如門，**⑱**亦即「事、妄、眞」三門心識分類中的眞識。**⑲**

綜觀以上所述，慧遠從瑜伽行學派處承襲了「三性」觀念，對其

---

⑯　同上註，頁528上。
⑰　同上註，頁528下。
⑱　有關《起信論》所述心眞如門的「空」和「不空」兩門，參閱本章第1節。
⑲　這點從慧遠在狀述眞識的「理相」時，亦用到「如實空」和「如實不空」二門的觀念，便可以見出來。

涵義作出重大改造。慧遠把「分別性」、「眞實性」，分別等同其「事、妄、眞」三門心識分類中的事妄兩識、與及眞識，把「依他起性」等同其「本識、阿陀那識、六識」三門心識分類中所有三種識。其所詮述的三性觀念，主旨不再在說明存在性相，顯示性空的道理；而是在排比不同層面的心識，揭示它們的關連。又本章第一節以《攝大乘論》爲根據，介紹瑜伽行的三性學說，當中提到三性爲「非一非異」，與及提到依他起性具有染、淨二分。慧遠亦有近似說法，祇是其所言的三性的內容既是跟《攝大乘論》的不同，因此其要表達的義旨便跟《攝大乘論》不一樣。關於三性「非一非異」，慧遠說：

> 此三（性）相望，不一不異。
>
> 分末異本，得言不一，義如上辨。就妄說妄，是分別性；約妄論眞，是依他性；就眞說眞，是眞實性。
>
> 以本攝末，得言不異。是義云何？如來之藏，是眞實性，是性爲本，惡習所熏，生無明等，與之共俱，名爲「依他」；眞外更無別他可依。就彼依他變異分中，虛妄浪取，說爲分別；依他之外無別分別。⓾

在以上一節話，慧遠分別約「分末異本」和「以本攝末」兩方面，說三性爲非一和非異。在「分末異本」方面，「眞實性」所表的眞識，爲識的眞本一面，「分別性」所表的妄識和事識，爲識的妄末一面，「依他性」所表的本識、阿陀那識和六識，則兼涉眞本和妄末兩面。就三性所表之識，爲本末殊異，故說它們是「非一」。在「以本攝

⓾　同本章註㉗，頁529上。

末」方面，「依他性」所表的本識、阿陀那識和六識，是以「眞實性」所表的眞識爲本，從而生起；而「分別性」所表的妄識和事識，無非是指「依他性」所表的阿陀那識和六識的虛妄執取作用。就三性所表的識，是本涵攝末，故說它們是「非異」。又「依他性」所表的諸識既是兼涉眞本和妄本兩面，故它具有眞和妄兩分：

> 又復緣攝一依他性，於中妄法即名「分別」，於中眞法即名「眞實」。⑪

最後要一提，是慧遠把「事、妄、眞」三門識和「本識、阿陀那識、六識」三門識，跟三性比配，從而反映他對這兩種三門識的關係，有如下圖表所示的看法：

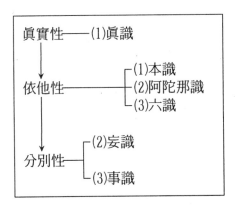

圖表2.3　三性和兩種三門識

---

⑪ 同上註。

從這圖表可見，在兩種三門識中，慧遠是以眞識一門，爲衆識門之本，清楚顯示其心識學說，是以眞心思想爲主導。

第三章 淨影慧遠的判教學說

就上章所述，可見作爲慧遠心識理論的中核，要爲眞心觀念。這觀念貫穿慧遠教學全體，爲其教學的中心特色。慧遠教學在佛教思想史裡的最大貢獻，乃在於它把眞心觀念，貫徹於處理各主要佛教課題，從而一方面徹底發揮了眞心觀念的義理內涵，一方面突出了這些課題所可以有的多重教理意義。又慧遠著作所接觸到的佛教課題範圍甚廣，當中包括當時中國佛教界最爲關注的判教、二諦和佛性問題，與及作爲大乘教理核心的佛身和淨土問題；而慧遠對它們的詮釋，又普遍受到後人注意，視之爲慧遠教學最基要部分。故以下各設專章，詳加申論。現先看慧遠的判教教說。

(一)判教風氣的形成

所謂「判教」，是指對內容、風格多樣的佛典和佛說，加以類別、疏理和會通的工作。印度佛典已有提到佛陀針對不同的對象，在不同的時候，講說不同的教義。例如《法華經》謂佛陀爲了適應聲聞、緣覺、菩薩這三乘人的不同需要，演說三種不同教法。❶《華嚴經》以普照群品的陽光，比喻沒有界別的佛智；以大山王、大山、金剛寶山、大地接受陽光照耀的時序有先後，比喻菩薩、緣覺、聲聞、

---

❶　參見卷2〈譬喻品〉第3，《大正藏》卷9，頁13上－下。

善根眾生領受佛義的遲速深淺有分殊。❷《涅槃經》用在提煉牛乳過程裡次第形成的乳、酪、生酥、熟酥、醍醐「五味」，比配佛藏裡的十二部經、修多羅、方等經、《般若經》、《涅槃經》。❸《解深密經》把佛說分為「三時」：第一時為發趣聲聞乘者說，第二時為發趣大乘者說，第三時為發趣一切乘者說。❹以上所舉出印度佛經對佛說所作的判別，都可視為判教的濫觴。不過這些判別提出的原來目的，要在突出本經的教說的優越性，而不在整理和綜合各種佛說。❺至於全面的判教工作，要到五世紀在中國才開始。

在東晉末年（五世紀初），由於鳩摩羅什（約344－約413）的釋說，中國佛教徒對大乘教學和小乘教學之間的分歧，漸有明確認識，❻從而對這些分歧的存在，感到有解釋的必要。又在大乘佛典中，當時最流行的要為《般若經》、《維摩經》和《法華經》；而這些經典的教學重點，又是互有出入：《般若經》注重以空的觀念，蕩除一切分別相。《維摩經》集中發揚由分別相的瓦解和大乘慈悲精神的貫徹，從而達至的融通境界。全經以在家菩薩維摩為主人翁，大力倡說

---

❷ 參見六十卷本《華嚴經》卷34〈寶王如來性起品〉第32，《大正藏》卷9，頁616中。

❸ 參見北本《大般涅槃經》卷14〈聖行品〉第7，《大正藏》卷12，頁449上。

❹ 參見卷2〈無自性相品〉第5，《大正藏》卷16，頁697上－中。

❺ 例如《法華經》宣言自身「唯說一乘」（參見卷2〈信解品〉第4，《大正藏》卷9，頁17下），《涅槃經》把自身比喻為五味中最上的醍醐味。

❻ 有關早期中國佛教徒對小、大二乘界別的認識，參閱橫超慧日：〈中國佛教に於ける大乘思想の興起〉，收入氏著；《中國佛教の研究》第1，頁290－300。

「眾生之類是菩薩佛土」、❼行非佛道乃是通達佛道、❽三毒煩惱即是如來種，❾並猛烈抨擊小乘人的捨離世間態度。❿《法華經》則進而把融通的原則，應用在對小乘和大乘的分別的了解上：它一方面強調小乘教學祇是權宜之說，唯有大乘教學方是究竟之談，突出了小乘和大乘的分別；另方面則一再表明小乘的淺下教說，對根器下劣的學者具有恰切性，並指出在導人歸向佛的平等大覺這最終極旨趣上，小乘教學跟大乘教學原來沒有不同，從而把小乘和大乘統一起來。還有在五世紀初，《華嚴經》和《涅槃經》相繼譯出。這些大部的中期大乘經，⓫陳義要遠比《小品般若》、《維摩經》、《法華經》這些小部初期大乘經爲詳細，而且較多從正面立說。例如《華嚴經》以佛陀始成正覺，初轉法輪爲背景；經內以大量篇幅，闡述十信、十住、十行、十迴向、十地等菩薩修行階位；並通過種種神妙、誇張的形容，渲染佛陀悟境的崇高和不可思議。《涅槃經》則記載了佛陀入寂前的說話；除了宣說眾生有佛性外，還盛唱「常樂我淨」，宣稱無常、苦、無我、不淨這些傳統佛教教義爲非究竟，訓示人當時常思想如來

---

❼　參見卷上〈佛國品〉第1，《大正藏》卷14，頁538上。

❽　參見卷中〈佛道品〉第8，同上註，頁549上。

❾　參見同上註，頁549上－中。

❿　《維摩經》稱小乘人爲「盲者」、「根敗之士」，斷言他們永遠不會發起追求無上覺悟的心。參見卷中〈不思議品〉第6、〈佛道品〉第8，《大正藏》卷14，頁547上、549中。

⓫　所謂「中期大乘」，是指三世紀至六世紀這段時期的大乘教學。當時出現了一些大型的大乘經，篇幅遠較初期大乘經爲長。著名者有被稱爲「五大部」的《大般若經》、《大華嚴經》、《大寶積經》、《大集經》和《大般涅槃經》。

和涅槃爲常住、安樂、有我、清淨。

　　總之，於東晉末年，中國佛教學者在面對小乘教學和大乘教學的歧異的同時，還覺察到大乘教學內部存在著各種不同成分，從而便出現判別和會通異義的要求。判教的風氣乃是在這情況下，在跟隨鳩摩羅什習學的僧人之間首先形成，❷繼而在南北朝時代迅速發展。這點從慧遠和跟他同時的吉藏、智顗等佛門宗匠，在其著作裡都對這時期出現的各種判教學說所作的評論，便可以看出來。慧遠所作評論，以至他對判教課題整體所作處理，無論在深度和在廣度方面，都要較吉藏和智顗遜色；但亦具有自身特點，顯示了他對異類佛典和異門佛說所採取的態度，與及反映出他的思想的整體取向，頗有研究的價值。

　　《大乘義章》開卷設〈衆經教迹義〉一科，對各主要佛經及其教說加以界別，其所做的，正是判教工作。又《大乘義章》的一些科目，如〈二諦義〉、〈四諦義〉等，亦有對不同層面的佛理作出分別。還有慧遠所造的經論義疏，其引論部分每有涉及判教的文字，也可作參考。

---

❷　例如竺道生（約360－434）界別佛說爲善淨、方便、眞實、無餘共四種法輪，慧觀把佛陀一生說法劃分爲二教五時。有關中國判教思想的形成，參閱荒牧典俊：〈南朝前半期における教相判釋の成立について〉，收入福永光司（編）：《中國中世の宗教と文化》（京都：京都大學人文科學研究所，1982年）；橫超慧日：〈教相判釋の原始形態〉，收入氏著：《中國佛教の研究》第2（京都：法藏館，1971年）；Liu Ming-Wood, "The advent of the practice of *p'an-chiao* in Chinese Buddhism," *Journal of Oriental Studies*, 26.2（1988）。

(二)慧遠對前人判教學說的述評

《大乘義章》〈眾經教迹義〉包括「敘異說」、「辨是非」、「顯正義」三部分。其中第一「敘異說」部分，記載了南北朝時期的劉虬、慧誕和菩提流支的判教理論。

1.劉虬的「二教五時七階」說

劉虬為南齊時代的隱士。那時中國佛教界有漸悟頓悟的爭論，對於覺悟為自淺至深的事、還是為一了即了的事，流傳著各種不同意見。劉虬主張頓悟，其作品《無量義經序》，清楚表達了這觀點。至於劉虬的判教學說，多見於後人的記載，其中《大乘義章》的記載為最早出，又為最詳盡。《大乘義章》記劉虬判別佛說為「二教五時七階」：

> 晉武都山隱士劉虬說言：如來一化所說，無出頓、漸。《華嚴》等經，是其頓教，餘名為漸。
>
> 漸中有其五時七階。言五時者：
>
> 一、佛初成道，為提謂等，說五戒十善人天教門。
>
> 二、佛成道已十二年中，宣說三乘差別教門。求聲聞者，為說四諦；求緣覺者，為說因緣；求大乘者，為說六度，及制戒律，未說空理。
>
> 三、佛成道已三十年中，宣說《大品》、空宗、《般若》、《維摩》、《思益》，三乘同觀。未說一乘、破三歸一，又未宣說眾生有佛性。

四、佛成道已四十年後，於八年中說《法華經》，辨明一乘，
破三歸一。未說眾生同有佛性，但彰如來前過恒沙，未來倍
數，不明佛常，是不了教。

五、佛臨滅度，一日一夜說《大涅槃》，明諸眾生悉有佛性、
法身常住，是其了義。

此是五時。言七階者，第二時中，三乘之別，通餘說七。**⓭**

根據慧遠所述，劉虬是以「頓教」、「漸教」兩門爲總綱，對佛經和
佛理作出分類。慧遠祇籠統地指出劉虬以《華嚴經》爲頓教的代表經
典、把其他經典皆歸屬漸教，而沒有解說劉虬所謂「頓教」、「漸
教」的特點。及後唐朝澄觀（738–839）的《華嚴經疏》提供了一些
這方面的線索：

> 齊朝隱士劉虬亦立漸、頓二教，謂《華嚴經》名爲頓教。餘皆
> 名漸，始自鹿苑，終於雙林，從小之大故。然此（《華嚴》）經
> 如日初出，先照高山，即是頓義。**⓮**

根據傳統說法，《華嚴經》是佛陀於成就覺悟之初，在菩提樹下，向
最上根器的菩薩，直接地、全面地陳述他的覺悟的歷程和經驗，從
而開講的佛典。劉虬說《華嚴經》「如日初出，先照高山，即是頓
義」，表示《華嚴經》就像初出的日頭，先照最高的山峯，顯然是贊
同這說法；如是他所理解的「頓」義，當有「直接」、「純全」的意

⓭ 卷1，《大正藏》卷44，頁465上。
⓮ 卷1，《大正藏》卷35，頁508下。

思。又根據傳統說法，由於《華嚴經》的教學太直接、太純全，大部分的聽衆都不能明白；於是佛陀離開菩提樹，來到鹿苑，此後四十餘年，直到在雙樹間入滅之時爲止，自淺至深，循步漸進，一步一步地誘導他的徒衆歸向正道。劉虬說：「始自鹿苑，終於雙林，從小之大」，當便是指這事；而他稱之爲「漸」，則他所理解的「漸」義，當有「自淺至深」、「循步漸進」的意思。

　　佛陀四十餘年的漸教過程，劉虬把它劃分爲五個階段，各有其代表的教說，是爲「五時」。五時中的第二時，包括了三種淺深不同的教說，再加上其他四時的自淺至深的教說，便共有「七階」。劉虬的《無量義經序》有一節文字，對「七階」逐一作出說明：

　　根異教殊，其階成七：
　　先爲波利等說五戒，所謂人天善根，一也。
　　次爲拘隣等轉四諦，所謂授聲聞乘，二也。
　　次爲中根演十二因緣，所謂授緣覺乘，三也。
　　次爲上根舉六波羅蜜，所謂授以大乘，四也。
　　衆教宣融，群疑須導，次說《無量義經》。既稱得道差品，復云未顯眞實，使發求實之冥機，用開一極之由緒，五也。
　　故《法華》接唱，顯一除三，順彼求實之心，去此施權之名，六也。
　　雖權開而實現，猶掩常住之正義。在雙樹而臨崖，乃暢我淨之玄音，七也。
　　過此以往，法門雖多，撮其大歸，數盡於此。❶

---

❶　《大正藏》卷9，頁383中－下。

合觀以上引述劉虬的親述和慧遠的記載，劉虬所謂「五時七階」，乃是佛陀對應根器相異的眾生，從而安設的淺深分殊的教說，其內容如下：

(1)第一時（第一階）：佛陀初成道後，向最先供養他的商人提謂和波利，演說五戒、十善這些可以使眾生輪迴爲人、天兩種善趣的教門。

(2)第二時（第二、三、四階）：佛陀成道後十二年中，爲三種根器不同的修行人，演說三種不同的教門：

    (a)爲拘鄰等下根的修行人，演說四諦等聲聞乘教理。

    (b)爲中根的修行人，演說十二因緣等緣覺乘教理。

    (c)爲上根的修行人，演說六波羅蜜等大乘教理。

(3)第三時（第五階）：佛陀成道後三十年中，爲曾接受三乘（聲聞乘、緣覺乘、大乘）教學的諸修行人，開講《般若》、《維摩》、《思益》、《無量義》等經，一起演說「空」的教旨，使修行人發起追求眞實究竟道的意願。

(4)第四時（第六階）：佛陀成道後四十年，開講《法華經》，表明前時所陳說的三乘教學爲權宜施設，今時所展示的一乘教學方爲眞實義；「破」除方便的「三」乘道，開「顯」究極的「一」乘道。

(5)第五時（第七階）：佛陀臨入滅前，在雙樹間講大乘《涅槃經》，宣說一切眾生皆有佛性，佛的法身爲常住、清淨等。

2.慧誕的「頓漸二教」說

《大乘義章》記有誕公判別佛說爲頓、漸兩種：

> 又誕公云：佛教有二：一頓、二漸。頓教同前。但就漸中，不

可彼五時爲定，但知昔說悉是不了，雙林一唱是其了教。❻

據近人考證，「誕公」當即是慧誕，爲《涅槃經》的專家，據說爲寶亮（444－509）等所編的《大般涅槃經集解》，便收錄了他的一些說話。❼從《大乘義章》的記述看，慧誕跟劉虬一樣，大別佛說爲頓、漸兩類；但是他反對把漸教定然劃分爲五時，認爲漸教僅有「了」和「不了」的分別。「了」者，有究極、完全的意思。慧誕以爲漸教中的各經，唯有佛陀於入滅前、在雙樹間開講的大乘《涅槃經》方爲「了」，其他全部都是「不了」。

3. 菩提流支的「一音」說

菩提流支亦即本書第一章所述及那爲《十地經論》繙譯者之一的菩提流支。慧遠記其判教主張如下：

> 又菩提流支宣說：如來一音以報萬機，大小並陳，不可以彼頓、漸而別。❽

菩提流支認爲佛陀以「一」種言「音」，「並陳」大乘、小乘各種教理，以配合根機萬殊的聽衆的需要，當中並沒有頓、漸的分別。

4. 慧遠的批評

---

❻　卷1，《大正藏》卷44，頁465上。

❼　有關「誕公」當指慧誕，參見坂本幸男：《華嚴教學の研究》（京都：平樂寺書店，1956年），頁167－176。

❽　卷1，《大正藏》卷44，頁465上－中。

　　《大乘義章》〈眾經教迹義〉一科在第一門「敘」述以上三種判教的「異說」後，繼而在第二門「辨」別這三種異說的「是非」：

⑴慧遠對劉虯的判教學說的批評

　　慧遠認爲劉虯用作爲其判教體系的總綱的頓教、漸教兩範疇，不能涵攝所有佛經和佛理：

> 劉虯所云：「佛經無出頓、漸二門」，是言不盡。如佛所説四《阿含經》、五部戒律，當知非是頓、漸所攝。所以而然，彼説彼小，不得言「頓」。説通始終，終時所説，不爲入大，不得言「漸」。又設餘時所爲，眾生聞小取證，竟不入大，云何言「漸」？是故頓、漸攝教不盡。⑲

要了解以上慧遠的批評，首先要知道慧遠如何理解「漸教」、「頓教」兩辭。慧遠把領受大乘道的修行人分爲兩種：一爲先前曾修習小乘道、今時轉歸大乘道的「漸入菩薩」，一爲徑直修習大乘道的「頓悟菩薩」；而慧遠把「漸教」和「頓教」分別理解爲向漸入菩薩和向頓悟菩薩所講的大乘法。⑳既然就慧遠的理解，漸教和頓教同是教授大乘法，小乘法自然不在它們指涉的範圍內，如是全然以小乘法爲內容的經典（如四部《阿含經》），便非它們所涵攝。故慧遠乃有「頓、漸攝教不盡」的責難。

　　《大乘義章》非難劉虯「漸」教中的「五時七階」分類甚詳，其中不少地方是反對將某類佛經或某種佛義，判屬佛陀教學生涯的某一

---

⑲　同上註，頁465中。
⑳　有關慧遠對「漸教」、「頓教」兩辭的詮釋，詳見本章第4節。

時段，認爲這種做法是沒有經典根據，兼且是無視佛陀方便說法的作風。例如慧遠反對說初時爲人天教，有如下的話：

> 若言初時爲提謂等，説人天法，不論出道，何所依據？人天教門，如來一化，隨諸眾生，有宜便説，豈局初時？又《提謂經》説：「諸眾生吾我本淨」，「吾我本淨」是眾生空；又説：「諸法皆歸本無」，「諸法本無」即是法空。❷❶……二空即是出世直道，云何名爲人天教門？❷❷

慧遠引述《提謂波利經》的話，指出佛陀曾教提謂、波利以人、法「二空」的道理，而人、法「二空」的道理爲出世間道，不屬人天教門的範圍。況且佛陀隨宜說法，有眾生適宜聽人天教，他便說人天教，豈會把人天教局限在初時？又慧遠反對把三乘教定屬第二時，所持理由亦相近：

> 云如來於彼十二年中，唯説三乘差別教門，依何文證？《(法華)經》中但云：「求聲聞者，爲説四諦；求緣覺者，爲説因緣；求大乘者，爲説六度」，❷❸何曾説言在十二年？又若眾生於餘時中樂聞是法，或在此時樂聞餘法，佛豈不説？判無斯

---

❷❶　《提謂經》當是指《提謂波利經》，是一本僞經，爲北魏時代中國人所造。全經已散失，唯古書徵引其文頗多，敦煌遺簡中亦保存其部分章節，據之可窺見其大貌。

❷❷　《大正藏》卷44，頁465中。

❷❸　參見《妙法蓮華經》卷1〈序品〉第1，《大正藏》卷9，頁3下。

理。然實別教，如來一化，有宜便說，不得定言在十二年。❷

慧遠指出劉虬謂佛陀於說法初十二年，唯說三乘差別教門，是沒有經文爲證。《法華經》祇是說佛陀爲求聲聞道者講四諦、爲求緣覺道者講十二因緣、爲求大乘道者講六波羅蜜，並沒有提到十二年。又在其他時段要是有衆生樂於聽聞三乘法，佛陀怎會不爲他們演述呢？佛陀一生教化，是「有宜便說」，因此不可定言三乘教唯屬初十二年。

在抨擊劉虬「五時」說的後三時分類時，慧遠大力批判這分類所顯示的自淺至深、以大乘《涅槃經》爲至上的構思，反映出慧遠等視一切大乘經的態度。例如慧遠指出爲劉虬判屬第三時的《大品般若》裡有「無二（乘）無三（乘）」之語，可見「破三（乘）顯一（乘）」的思想，並非劉虬判屬爲第四時的《法華經》所獨有，因此便不能以《般若經》不破除三乘教爲理由，主張《般若經》比《法華經》粗淺：

> 若言《般若》不破三乘、淺《法華》者，《大品經》中舍利弗問：「若都不退，空復不異，何故得有三乘差別，不唯一乘？」須菩提答：「無二無三。若聞不怖，能得菩提。」❷此與《法華》無二無三，其言何別，而言非是破三歸一？❷

慧遠又指出《法華經》所辨明的「一乘」，便即是「佛性」；又《法

---

❷　《大正藏》卷44，頁465下。

❷　參見《摩訶般若波羅蜜經》卷16〈大如品〉第54，《大正藏》卷8，頁337下。

❷　《大正藏》卷44，頁466上。

華經》中記及常不輕菩薩見出家和在家的男女信眾，悉皆讚嘆他們當得成佛；凡此皆可見《法華經》亦有眾生皆具佛性的思想。故此不能以《法華經》不說佛性爲理由，把《法華經》判列在《涅槃經》之下：

> 若言《法華》未說佛性，淺於《涅槃》，是義不然。如（《涅槃經》）說（佛）性即是一乘。㉑《法華經》中辨明一乘，豈爲非（佛）性？又《法華》中不輕菩薩若見四眾，高聲唱言：「汝當作佛，我不輕汝。」㉘以知眾生有佛性，故稱言「皆作」。但言「皆作」，即顯有性。㉙

慧遠同意爲劉虬判屬爲第五時的《涅槃經》是佛陀臨入滅前最後演說的經典，但他不認同因爲《涅槃經》是最後演說、它的教說便是最高深、最圓滿這想法，並且舉出一系列如來藏系經典，表示它們所說同爲「圓滿究竟了義」：

> 第五階云：如來垂終，說《大涅槃》，獨爲究竟了義之唱。然實《涅槃》垂終，所說未必垂終，偏是了義。如雙林前宣言《勝鬘》、《楞伽》、《法鼓》、《如來藏經》、《鴦掘摩羅》、《寶女經》等，皆是圓滿究竟了義，何獨《涅槃》偏是

㉗　參見北本《大般涅槃經》卷27〈師子吼菩薩品〉第11，《大正藏》卷12，頁524下。

㉘　參見《妙法蓮華經》卷6〈常不輕菩薩品〉第20，《大正藏》卷9，頁50下。

㉙　《大正藏》卷44，頁466上－中。

了義？**㉚**

(2)慧遠對慧誕的判教學說的批評

由於慧誕的判教學說跟劉虬的多有類同地方，故慧遠在批評慧誕的判教學說時，重複了他先前在批評劉虬的判教學說時所提出的意見：

> 誕公所言頓、漸之言，義同前破。然佛一化，隨諸眾生，應入大者，即便爲說。隨所宣說，門別雖異，無不究竟。何獨《涅槃》偏是了義。**㉛**

這裡說「誕公所言頓、漸之言，義同前破」；所謂「前破」，即前面所出的「頓、漸攝教不盡」的評破。慧遠認爲慧誕的頓、漸二教判，跟劉虬的頓、漸二教分類一樣，是犯了不能涵攝一切佛典的過失。慧遠又重申佛陀隨宜施教，對應該接受大乘義的眾生，便宣說大乘了義教。故不同大乘經在進路上容或有分別，但都同樣包含大乘了義；而並非如慧誕所說，獨是《涅槃經》方爲了義經。

(3)慧遠對菩提流支的判教學說的批評

慧遠對菩提流支的一音說，有以下的非難：

> 菩提流支言：「佛一音以報萬機，判無漸頓。」是亦不然。如

㉚　同上註，頁466中。
㉛　同上註，頁466下。

來雖復一音報萬，隨諸眾生，非無漸頓。自有眾生藉淺階遠，
佛爲漸説；或有眾生一越解大，佛爲頓説。寧無頓、漸？**㉜**

無疑，佛陀法力無邊，可以用一種言音，開導根機萬殊的眾生，而莫
不符契。但這並不便表示佛陀的教説沒有頓、漸的分別。當佛陀向自
小乘道（「藉淺」）進入大乘道（「階遠」）的漸入菩薩講大乘法
時，那便是「漸説」；當佛陀向直接進入大乘道的頓悟菩薩講大乘法
時，那便是「頓説」。怎可以説佛説沒有頓、漸的分別呢？

(三)二藏説和慧遠對「漸教」「頓教」觀念的詮釋

慧遠在《大乘義章》〈眾經教迹義〉一科，於第一門「敘」述三
家異説和於第二門「辨」別這些異説的「是非」後，於第三「顯正
義」一門，分「分聖教」和「定宗別」兩部分，申述自己的判教理
論。在「分聖教」部分，慧遠提出他認爲正確的佛説分類：

> 聖教雖眾，要唯有二：一是世間，二是出世。三有善法，名爲
> 世間；三乘出道，名出世間。
> 就出世間中，復有二種：一、聲聞藏，二、菩薩藏。爲聲聞
> 説，名聲聞藏；爲菩薩説，名菩薩藏。故《地持》云：「十
> 二部經，唯方廣部是菩薩藏，餘十一部是聲聞藏。」**㉝**……

㉜　同上註。

㉝　參見《菩薩地持經》卷3〈方便處力種性品〉第8，《大正藏》卷30，頁902
　　　下。

龍樹亦云:「迦葉、阿難於王舍城結集三藏,為聲聞藏;文殊、阿難於鐵圍山集摩訶衍,為菩薩藏。」**❸④**聖教明證,義顯然矣。

此二亦名「大乘」「小乘」、「半」「滿」教也。聲聞藏法狹劣名「小」,未窮名「半」;菩薩藏法寬廣名「大」,圓極名「滿」。教別如此。**❸⑤**

慧遠首先把佛說分為「世間」和「出世間」兩大類:前者演說輪迴世間(「三有」)的善法(亦即劉虬所謂「人天教門」);後者演說出離輪迴世間的要道。慧遠又進而把出世間法分為「聲聞藏」和「菩薩藏」兩種。聲聞藏是對聲聞人說,故名「聲聞」;因其陳義狹劣,又名為「小」;因其陳義有所不盡,又名為「半」。菩薩藏是對菩薩人說,故名「菩薩」;因其陳義寬廣,又名為「大」;因其陳義究竟圓極,又名為「滿」。

慧遠不但在《大乘義章》,也在不少其他著作為佛說作出分類。那時他多略去「世間」、「出世間」一重,祇說佛說有「聲聞藏」和「菩薩藏」兩種。**❸⑥**可見二藏的判別,為慧遠判教學說的核心。把佛說分判為二藏,並非始見慧遠。這分類早見於印度大乘經

---

❸④ 參見《大智度論》卷100,《大正藏》卷25,頁756中。

❸⑤ 《大正藏》卷44,頁466下。

❸⑥ 參見《觀無量壽經義疏》本,《大正藏》卷37,頁173上;《大般涅槃經義記》卷1上,《大正藏》卷37,頁613上;《維摩義記》卷1本,《大正藏》卷38,頁421上—中;《勝鬘經義記》卷上,《續藏經》卷30,頁276後上;《十地經論義記》卷1,《續藏經》卷71,頁134前上。

論；❸而在中國，在慧遠以前的曇無讖（385–433）、菩提流支，跟慧遠同時的吉藏，都持相近的說法。❸慧遠二藏說較特別的地方，是它把二藏所分別教授的聲聞和菩薩，再加以細分。在聲聞方面，慧遠在其《十地經論義記》說：

> 聲聞藏中，所教有二：一、聲聞聲聞，二、緣覺聲聞。聲聞聲聞者，是人本來求聲聞道，常樂觀察四眞諦法，成聲聞性，於最後身值佛，爲說四眞諦法，而得悟道。本聲聞性，今復聞聲，而得悟道，是故說爲「聲聞聲聞」。……緣覺聲聞者，是人本來求緣覺道，常樂觀察十二緣法，成緣覺性，於最後身值佛，爲說十二緣法，而得悟道。本緣覺性，最後聞聲而得悟道，是故說爲「緣覺聲聞」。……然聲聞聲聞總相知法，鈍而不利；緣覺聲聞別相知法，利而不鈍。利鈍雖殊，同期小果，藉教處同，是故對斯二人所說，合之以爲聲聞法藏。❸

---

❸　例如慧遠在上引文便引用了《地持經》和《大智度論》的說話，支持其二藏的分判。

❸　圓測（613–696）《解深密經疏》卷1記及曇無讖判別佛說爲半、滿二教：「或說二教，所謂半、滿，如曇無讖。」（《續藏經》卷34，頁298後上）智顗《法華玄義》卷10提到菩提流支「明半、滿教」：「五者，菩提流支明半、滿教，十二年前皆是半字教，十二年後皆是滿字教。」（《大正藏》卷33，頁801中）又吉藏《勝鬘經寶窟》卷上表示二藏分類有經論根據，應當接受，說：「從菩提流支度後，至於即世，大分佛教爲半、滿兩宗，亦云聲聞、菩提二藏。然此既有經論誠文，不可排斥。」（《大正藏》卷37，頁6上）

❸　卷上，《續藏經》卷71，頁134前上–下。

慧遠把聲聞人分爲兩類：由聽聞四諦的道理而悟道的「聲聞聲聞」、和由聽聞緣生十二支的道理而悟道的「緣覺聲聞」。四諦的道理是「總」綱，緣生十二支的道理是「別」目；今聲聞聲聞要聽聞總綱，方能悟道，可見其根器較遲鈍；緣覺聲聞則祇聽聞別目，便能悟道，可見其根器較爲明利。不過無論是根器明利者也好，是根器遲鈍者也好，他們同樣是追求灰身滅智的小乘果報，其所憑藉的教說層面相同，故統稱之爲「聲聞藏」。在菩薩方面，《十地經論義記》如此說：

> 菩薩藏中，所教亦二：一是漸入、二是頓悟。言漸入者，是人過去曾習大法，中退學小，後還入大；大從小來，謂之爲「漸」。……言頓悟者，有諸眾生，久習大乘相應善根，今始見佛，即能入大；大不由小，名之爲「頓」。……漸入菩薩藉淺階遠，頓悟菩薩一越解大。頓、漸雖殊，以其當時受大處一，是故對斯二人所說，爲菩薩藏。❹

慧遠亦把菩薩分爲兩類：一是過去曾學習大乘法、中間退學小乘法，後來見佛，重新進入大乘道者；一是一向以來長期學習大乘法，今得見佛，即時契悟大乘道者。前者曾經歷退學小乘「淺」法的階段，再從淺入深，故名「漸入菩薩」；後者即時直往解悟大乘法，故名「頓

---

❹ 同上註，頁134前下－後上。不少慧遠著作都述及二藏分類，其內容跟上引《十地經論義記》兩節話所言相似。參閱《大般涅槃經義記》卷1上，《大正藏》卷37，頁613上－中；《維摩義記》卷1本，《大正藏》卷38，頁421上－中；《勝鬘經義記》卷上，《續藏經》卷30，頁276前上－後上。

悟菩薩」。又無論是漸入也好，頓悟也好，他們所接受的教說，同爲
屬於大乘層面，故統稱之爲「菩薩藏」。

　　慧遠的兩種菩薩分類，牽涉及他對「漸教」和「頓教」這兩個流
行的判教名辭的理解的問題。慧遠在《觀無量壽經義疏》裡，在舉出
「二藏」二門分類之後，繼而舉出局、漸、頓三門分類：

　　　　第二、須知教局、漸及頓。小教名「局」；大從小入，目之爲
　　　　「漸」；大不由小，謂之爲「頓」。❹

引文說：「小教名局」，則「局教」當是指小乘教，亦即聲聞藏；如
是「漸教」和「頓教」，當是關乎大乘教，爲屬於菩薩藏的範圍。慧
遠形容漸教爲「大從小入」，頓教爲「大不由小」，而同樣的辭語又
分別出現於前引文對漸入菩薩和頓悟菩薩的形容。由此可見，慧遠所
謂的「漸教」和「頓教」，分別爲指對漸入菩薩和頓悟菩薩所講的大
乘法。慧遠正是根據這理解，批評劉虬和慧誕的頓、漸二教判爲「攝
教不盡」。慧遠也是根據這理解，把《觀無量壽經》、《維摩經》、
《十地經》、《勝鬘經》等多種大乘經，歸入頓教一項下，❷而不像
劉虬，祇以《華嚴經》爲頓教的代表經典。

---

❹　《大正藏》卷37，頁173上。類似說話亦見《溫室經義記》，《大正藏》卷
　　39，頁512下；《大乘義章》卷1，《大正藏》卷44，頁468下。

❷　參見《觀無量壽經義疏》本，《大正藏》卷37，頁173上；《維摩義記》卷1
　　本，《大正藏》卷38，頁421上；《十地經論義記》卷1，《續藏經》卷71，
　　頁134後上；《勝鬘經義記》卷1，《續藏經》卷30，頁276後上。

自大乘教學形成以來，大乘學徒每貶稱先前流傳的佛說爲「小乘」，對之採取輕視的態度。慧遠分判佛說爲聲聞藏和菩薩藏兩類，以前者所說的小乘法爲狹劣，後者所說的大乘法爲寬廣，明顯是承襲了大乘學統這嚴別小乘法和大乘法、排抑小乘、褒揚大乘的立場。又要注意的是慧遠沒有進一步對構成菩薩藏的核心的各主要大乘經，作出深淺的界別，以爲一切大乘經同樣爲究竟。這點從他對劉虯和慧誕的判教學說的批評，便可以看出來。而《大乘義章》〈衆經教迹義〉第三「顯正義」一門的「定宗別」部分，更清楚顯示了慧遠這等視所有大乘經的態度：

> 言定宗者，諸經部別，宗趣亦異。……如彼《發菩提心經》等發心爲宗，《溫室經》等以施爲宗，《清淨毘尼》、《優婆塞戒》如是等經以戒爲宗，《華嚴》、《法華》、《無量義》等三昧爲宗，《般若經》等以慧爲宗，《維摩經》等解脫爲宗，……《涅槃經》等以佛圓寂妙果爲宗。如是等經，所明各異。然其所說，皆是大乘緣起行德究竟了義。階漸之言，不應輒論。❹

慧遠承認不同大乘經在主題上和在教學取向上（「宗趣」）是有分「別」，並試圖界「定」這些分別，指出《華嚴經》、《法華經》、《無量義經》注重講禪定、《般若經》注重講智慧、《維摩經》注重講解脫、《涅槃經》注重講圓寂的佛果等。不過他認爲這祇是側重點上的不同，在闡發大乘究竟了義這最重要的地方，這些經其實是沒有

分別的。因此不可以於大乘經之間，作出優劣、深淺層次的判斷。

(四)四宗說

慧遠的「二藏」判源於大乘佛教教學一貫嚴別大、小二乘的傳統；慧遠在申述這判別時，並沒有提及具體的佛教教義。慧遠亦有對具體佛教教義作出判別，提出了「立性」、「破性」、「破相」、「顯實」四宗的分類。

慧遠評述四宗，以《大乘義章》〈二諦義〉一科最詳。慧遠首先列出綱要：

> 言分宗者，宗別有四：
> 一、立性宗，亦名因緣。
> 二、破性宗，亦曰假名。
> 三、破相宗，亦名不眞。
> 四、顯實宗，亦曰眞宗。
> 此四乃是望義名法，經論無名。經論之中雖無此名，實有此義。四中前二是其小乘，後二大乘。大、小之中，各分淺深，故有四也。❹

以上綱要的大意，可以圖表顯示如下：

---

❹　同上註，頁483上。

```
(1)立性宗（因緣宗）——小乘中淺
(2)破性宗（假名宗）——小乘中深
(3)破相宗（不眞宗）——大乘中淺
(4)顯實宗（眞　宗）——大乘中深
```

圖表3.1　四　宗

以上引文說：「經論之中，雖無此（四宗）名，實有此實」，可見四宗是對二藏經論所演說的教義，加以分析歸納，從而發見的四類不同教說。引文說：「前二是其小乘，後二大乘」，可見前二宗的教說是出自聲聞藏，後二宗的教說是出自菩薩藏。引文又說：「大、小之中，各分淺深」，可見四宗的教說是自淺至深，而以第四的顯實宗所言最爲究竟。如是看，則慧遠雖然反對於大乘經之間分別淺深，但卻不否認大乘經所演說的教理，是有淺深的分殊。

　　慧遠繼而一一分述四宗的要義。首先是立性宗：

　　言立性者，小乘中淺，宣說諸法各有體性。雖說有性，皆從緣生，不同外道立自然性。此宗當彼《阿毘曇》也。❹

立性宗認識到萬法皆從緣生，非自然而有，比外道優勝。不過它主張「諸法各有體性」，不明白自性空的道理，故慧遠判之爲「小乘中淺」。此宗之說見於《阿毘曇》（案：《阿毘曇》在中國佛教主要是指小乘部派中一切有部的論書）。關於破性宗，慧遠說：

---

❹　同上註。

言破性者，小乘中深，宣説諸法虛假無性，不同前宗立法自
性。法雖無性，不無假相。此宗當彼《成實論》也。❻

破性宗認識到萬法爲「虛假無性」，完全放棄自性觀念，比立性宗優
勝，故慧遠判之爲「小乘中深」。不過它並不否認無自性「假相」的
存在，其空觀不夠徹底，故還是屬於小乘範圍。此宗之説見於《成實
論》（案：《成實論》跟小乘部派中的經部有密切關係）。慧遠又指出上述
小乘兩宗之説同爲佛陀的「本教」，同見於小乘經(《四阿含》)，祇是
小乘論師多有情執，偏取其一，於是乃有《阿毘曇》和《成實論》這
些不同派系論書的分立，互相諍論。因此小乘兩宗爲「經同論別」：

前之兩宗，經同論別；……前二宗中，言「經同」者，據佛本
教，同顯在於《四阿含》中，無別部黨。言「論別」者，小乘
眾生情見未融，執定彼此，言成諍論，故有《毘曇》、《成
實》之別。❼

第三的破相宗和第四的顯實宗爲大乘宗，當然是比前二的小乘宗
爲優勝。慧遠這樣闡述第三的破相宗的教旨：

破相宗者，大乘中淺，明前宗中虛假之相，亦無所有。如人遠
觀陽炎爲水，近觀本無；不但無性，水相亦無。諸法像此。雖
説無相，未顯法實。❽

---

❻　同上註。

❼　同上註，頁483中。

❽　同上註，頁483上。

破相宗不但破自性，亦破假相，以爲萬法就像海市蜃樓，遠看它們像
有，近觀則知道它們本來並不存在。此宗能兼破自性和假相，說示一
切無相的道理，此其所以勝過前兩宗，堪稱爲大乘教的地方。祇是它
停留於說示無相的階段，未能進而顯示無相的萬法背後的眞體，因此
慧遠判之爲「大乘中淺」。第四的顯實宗便不同：

> 顯實宗者，大乘中深，宣說諸法妄想故有，妄想無體，起必託
> 眞。「眞」者所謂如來藏性，恒沙佛法，同體緣集，不離不脫
> 不斷不異。此之眞性緣起，集成生死涅槃。眞所集故，無不眞
> 實，辨此實性，故曰眞宗。⑭

顯實宗宣說「眞性緣起」，主張一切生死法和涅槃法，都是眞體活動
所集起。這眞體名爲「如來藏」。世間萬法，皆是妄相，本無自體，
同是以如來藏爲存在根據；而如來藏原來是具足恒河沙數佛法功德。
此宗不但能觀無相，亦能觀眞性，故慧遠判之爲「大乘中深」。慧遠
就義理判別佛說爲四宗，而稱許演說如來藏觀念的顯實宗爲「大乘中
深」，推舉之爲佛說中的最上法門，顯示出他對如來藏眞心思想的重
視。慧遠談到四宗中的後兩大乘宗跟大乘經論的關係時，提出「經同
論同」的說法：

> 後之二宗，經論不殊。……後二宗中，言「經同」者，據佛本
> 教，隨就何經，以義分之，不別部帙，是曰經同。言「論同」
> 者，大乘之人，情無異執，言無諍競，故無異論。⑮

---

⑭ 同上註。

⑮ 同上註，頁483中。

在「經同」方面，後大乘二宗跟前小乘二宗沒有分別。至於何以後大乘二宗不像前小乘二宗是「論別」，而是「論同」，這乃是因為大乘論師沒有小乘論師的執見，故此他們不會偏用一宗之義，彼此並無異議。❺

正如「二藏」判一樣，「四宗」判亦非慧遠所發明。從現存資料看，最早提出「四宗」說法者為慧光。智顗《法華玄義》記：

> 佛馱三藏學士光統所辨四宗判教：
>
> 一、因緣宗：指《毘曇》六因四緣。❺
>
> 二、假名宗：指《成實》三假。❺
>
> 三、誑相宗：指《大品》、《三論》。
>
> 四、常宗：指《涅槃》、《華嚴》等常住佛性，❺本有湛然也。❺

又法藏（643－712）《五教章》記有大衍法師以「四宗」總括佛陀一

---

❺ 慧遠在《大乘義章》〈二諦義〉申明四宗的不同教旨後，繼而詳述它們對二諦觀念的不同詮釋。詳見本書第4章。慧遠還在《大乘義章》的其他科品，談及四宗對「無我」、「四諦」等佛教中心觀念的不同理解。參閱卷1〈二無我義〉、卷3〈四諦義〉，同上註，頁486中－487上、511下－512上。

❺ 一切有部論書在闡述萬法為因緣所生時，把「因」分為能作因、俱有因、同類因、相應因、遍行因、異熟因「六」種，把「緣」分為因緣、等無間緣、所緣緣、增上緣「四」類。

❺ 《成實論》有「三假」之說，就萬法為「因」緣所「成」、前後「相續」而起、互「相」依「待」三方面，說萬法為無相的假名。

❺ 「佛性」跟「如來藏」表義相近。有關「佛性」一辭的涵義，詳見本書第5章第1節。

❺ 卷10，《大正藏》卷33，頁801中。

生的教學：

> 依大衍法師等一時諸德，立四宗教，以通收一代聖教：
> 一、因緣宗：謂小乘薩婆多等部。
> 二、假名宗：謂《成實》經部等。
> 三、不真宗：謂諸部《般若》，說即空理，明一切法不真實等。
> 四、真實宗：《涅槃》、《華嚴》等明佛性法界真理等。❺❻

大衍法師為慧光的弟子，❺❼如是可見以「四宗」分判佛說，乃是慧光一系地論學的傳統。慧遠基本上繼承了這傳統，其所舉出的四宗，與慧光和大衍法師所言者無大分別，祇是在名稱上有所不同。不過慧遠對先前講「四宗」的人，以《般若經》等定屬第三宗，以《華嚴經》、《涅槃經》等定屬第四宗，則深不以為然：

> 又人立四別配部黨，言《阿毘曇》是因緣宗，《成實論》者是假名宗，《大品》、《法華》如是等經是不真宗，《華嚴》、《涅槃》、《維摩》、《勝鬘》如是等經是其真宗。前二可爾，後二不然。是等諸經，乃可門別，淺深不異。若論破相，遣之畢竟；若論其實，皆明法界緣起法門。……如是諸經，宗歸各異，門別雖殊，旨歸一等，勿得於中輒定淺深。❺❽

---

❺❻　卷1，《大正藏》卷45，頁480下。
❺❼　坂本幸男主張「大衍法師」即曇隱，而鎌田茂雄則認為「大衍法師」為曇衍（503－581）。參見坂本幸男：《華嚴教學の研究》，頁217；鎌田茂雄：《華嚴五教章》（東京：大藏出版社，1979年），頁126。曇隱和曇衍均是慧光的弟子。
❺❽　《大正藏》卷44，頁483中。

慧遠既然認爲小乘是「論別」，當然不反對把小乘論書判屬某一宗；但他主張大乘是「經同」，如是他反對把某大乘經判歸某大乘宗，是很自然的事。慧遠指出大乘經在「宗」趣上容或有不同，但在「旨歸」上是沒有分別，一樣是要遣除一切事相，一樣是要顯明眞性；重申了大乘經無分淺深，同爲究竟的觀點。

第四章　淨影慧遠的二諦學説

　　「二諦」者，即世諦和眞諦；顧名思義，是指世俗和眞實兩個層面的眞理。「二諦」一辭和眞、俗兩重眞理的觀念，早在原始佛教經典已經出現，❶其後小乘部派的著作如《婆沙論》、《俱舍論》、《成實論》，大乘經如《般若經》、《涅槃經》、《楞伽經》，大乘中觀學派的著作如《中論》、《大智度論》，大乘瑜伽行學派的著作如《瑜伽師地論》等，都有論及二諦問題，可見「二諦」爲印度佛教各傳統和家派共同關注的課題。❷至於在中國，「二諦」是於東晉末年，隨著鳩摩羅什譯出《中論》、《大智度論》和《成實論》等，而開始受到佛教論者注意。在南北朝時代，「二諦」爲最流行的佛教觀念之一，當時論者就二諦的辭義、二諦的種類、二諦之間的關係等各方面，紛紛表達自身的意見。慧遠著作談及二諦地方不少，但大都缺乏系統；當中最條理和詳盡者，首推《大乘義章》卷一〈二諦義〉一科。以下以此科所述爲主要參考，闡述慧遠對二諦問題的看法。

---

❶　參閱《增一阿含經》第8〈阿須倫品〉第3經，《大正藏》卷2，頁561上。
❷　關於二諦觀念在印度的形成和發展，參閱安井廣濟：《中觀思想の研究》（京都：法藏館，1961年），前編，第2－3章；西義雄：〈眞俗二諦説の構造〉，收入宮本正尊（編）：《佛教の根本眞理》（東京：三省堂，1957年）；藤謙敬：〈佛教の教授原理としての二諦説〉，《印度學佛教學研究》第3卷第1號（1954年）。

(一)「二諦」釋名

《大乘義章》〈二諦義〉開章列舉二諦的各種不同名稱：

> 言「二諦」者，一是世諦，二第一義諦。然世諦者，亦名「俗諦」，亦名「等諦」。……第一義（諦）者，亦名「眞諦」。❸

「二諦」者，即是「世諦」和「第一義諦」兩種諦；前者又稱「俗諦」、「等諦」，後者又稱「眞諦」。

慧遠繼而逐一申釋這些名稱的涵義。關於第一種諦的「世諦」稱謂，他有如下說明：

> 「世」名爲時，事相諸法，生滅在時，就時辨法，故云「世諦」。……又云「世」者，是其世人一切事法，世人所知，故名「世諦」。❹

「世」有時間的意思；衆生界的事相，生滅有時，故名「世諦」。「世」又有世人的意思；由是世諦又是指世人所知的一切事法。世人所知的事法，亦即世「俗」所知的諸法；它們各各不同，不可一一分別論述，祇能綜合「等」舉其大要；由是乃有「俗諦」、「等諦」這些稱謂：

> 言「俗諦」者，「俗」謂世俗。世俗所知，故名「俗諦」。言等諦者，「等」謂齊等、統攝之義。世法非一，不可別論，等

---

❸ 《大正藏》卷44，頁482下。
❹ 同上註。

舉諸法，故云「等諦」。❺

至於第二種諦之「第一義諦」和「眞諦」名稱，慧遠這樣解釋：

「第一」是其顯勝之目，所以名「義」；「眞」者是其絕妄之
稱。❻

這裡說「第一義」顯示殊勝，「眞」顯示絕去虛妄，可見依慧遠的理
解，「第一義諦」和「眞諦」是指殊勝的、無虛妄的理境。

(二)四宗的二諦義

從慧遠對二諦諸名稱的解釋看，他認爲二諦中的「世諦」是表世
間事法，二諦中的「眞諦」是表眞實理境。由於不同佛教學統對何謂
世間事法，何謂眞實理境，理解每有不同，由是它們對世諦和眞諦的
了解，便互有出入。《大乘義章》〈二諦義〉在解說二諦名義後，繼
而界別佛教教義爲四宗，詳細析述每一宗的二諦觀，從而顯示了慧遠
在二諦問題上所持的立場。關於〈二諦義〉所出的四宗，我們在上章
第五節已作出說明，以下試分述〈二諦義〉所陳四宗的二諦觀。

1.立性宗的二諦觀

依上章第五節所述，立性宗主張世間事物皆從緣生，各有體性。

---

❺　同上註。

❻　同上註。

慧遠綜括其二諦觀的要旨如下：

> 初宗之中，事理相對，事爲世諦，理爲眞諦。陰、界、入等，
> 彼此隔礙，是其事也；苦、無常等十六聖諦，通相之法，是其
> 理也。❼

根據慧遠，立性宗是以「事」爲世諦，以「理」爲眞諦。而其所謂
「事」，是指由五陰、十二入、十八界所構成的事物，❽爲彼此阻隔
障礙；其所謂「理」，是指苦、無常、無我、空等十六種聖諦，❾爲
通於眾多事物的共相。

　　又根據慧遠，除了上述最基本的事理分別外，立性宗的二諦觀還
涉及情理、假實、理事、縛解、有爲無爲、空有、行教七重分別：❿
⑴情理：以妄「情」所立的我見等爲世諦，以無我的道「理」爲眞
　　諦。

---

❼　同上註，頁483下。

❽　「五陰」者，即色、受、想、行、識。「十二入」者，即眼、耳、鼻、舌、
　　身、意「六根」和色、聲、香、味、觸、法「六境」。又六根、六境、加
　　上眼識、耳識、鼻識、舌識、身識、意識「六識」，遂有十八界。五陰、
　　十二入、十八界爲最基本的存在分子。

❾　「十六聖諦」亦名「十六行相」、「十六聖行」。蓋苦、集、滅、道四聖
　　諦各有四相，合成十六聖諦：
　　⑴苦聖諦：無常、苦、空、無我。
　　⑵集聖諦：因、集、生、緣。
　　⑶滅聖諦：滅、靜、妙、離。
　　⑷道聖諦：道、如、行、出。

❿　有關這七重分別，詳見《大正藏》卷44，頁483下－484上。

(2)假實：以五陰、十二入、十八界所構成的種種有名無實的「假」名相法（如天、人、舍宅、軍隊）爲世諦，以五陰、十二入、十八界這些有名有「實」的基本存在要素爲眞諦。

(3)理事：以構成差別「事」相的五陰、十二入、十八界爲世諦，以十六聖諦這些普遍原「理」爲眞諦。

(4)縛解：以苦聖諦、苦集聖諦所述各種束「縛」衆生的東西爲世諦，以苦滅聖諦、苦道聖諦所述各種可使衆生得到「解」脫的東西爲眞諦。

(5)有爲無爲：以苦聖諦所述及的諸苦、苦集聖諦所述及的諸苦集起的原因、苦道聖諦所述及的諸解脫苦的方法，都是有生滅的「有爲」法，故皆是世諦；以苦滅聖諦所述及的涅槃寂靜之境界，爲沒有生滅的「無爲」法，故是眞諦。

(6)空有：以十六種聖諦中最殊勝的「空」和「無我」兩種諦爲眞諦，❶以其他諸諦爲世諦。

(7)行教：以佛典所述的「教」理爲世諦，以三十七覺品這些「行」踐法門爲眞諦。❷

2. 破性宗的二諦觀

依上章第五節所述，破性宗主張世間事物皆是虛假，沒有體性，唯有假相。慧遠綜括其二諦觀的要旨如下：

---

❶ 「苦」和「無我」是苦聖諦的四相中的兩種相。參見前註❾。

❷ 三十七覺品爲導向覺悟的三十七種修行方法，包括四念處、四正勤、四如意足、五根、五力、七覺分和八正道。

第二宗中，因緣假有，以爲世諦；無性之空，以爲眞諦。❸

根據慧遠，破性宗是以因緣和合而成、假名無實的萬有爲世諦，以由察見實性本來無有、從而證見的空境爲眞諦。

又根據慧遠，破性宗分「有」和「無」兩方面，展示世諦存在的特質。在「有」方面，此宗舉出對世諦存在的三種不同看法：

(1)事相世諦：以爲世諦存在是眞實不虛。

(2)法相世諦：以爲世諦存在是苦、無常等。

(3)理相世諦：以爲世諦存在爲因緣集成，是虛假不眞實。

這三種看法的前二種，分別相當於立性宗所述二諦中的「事」世諦和「理」眞諦；唯第三種看法，是本宗所獨有。至於「無」方面，此宗表明在五蘊等所構成的世諦存在中，並「無」凡夫所妄計的我體。❹

破性宗所說的眞諦，其涵義亦有兩重：

> 眞諦之中，義別有二：一、因和合中無性之空，法和合中無性之空，以爲眞諦。二、就性空第一義中，無彼凡夫所立我人，以爲眞諦。❺

首先，破性宗以由否定實性所達至的空境爲眞諦。其次，空境既是空，便是沒有凡夫所計取的我體，故此宗亦如上述的立性宗，以無我

---

❸　《大正藏》卷44，頁483下。

❹　有關破性宗的世諦觀，詳見同上註，頁484上。

❺　同上註，484上－中。

的道理爲眞諦。

3. 破相宗的二諦觀

依上章第五節所述，破相宗不但否定實性，亦否定假相，主張世間事物就像海市蜃樓一樣，原來不存在。慧遠綜括其二諦觀的要旨如下：

> 第三宗中，一切諸法，妄相之有，以爲世諦；無相之空，以爲眞諦。❶

根據慧遠，破相宗以爲世間一切存在，原來祇是妄相，故此是世諦；由觀察妄相本無，從而證見空境，這乃是眞諦。慧遠又把破相宗這由破相所見的空，跟上述破性宗那由破性所見的空，作出比較，指出兩者的分際所在：

> 前宗破性，觀法假有，如土木城雖無定性，不無假城。此宗破相，觀法如似乾闥婆城，無城爲城，城即非城。❶

破性宗約「無性」說空，猶容認有無自性的假相；以爲萬有就如土木所建成的城樓，雖沒有獨立體性，卻非沒有城樓的相狀。破相宗約「無相」說空，則甚至假相也要泯除，以爲萬有就如乾闥婆所幻作的樓閣，根本不存在。❶

---

❶　同上註，頁483下。

❶　同上註。

❶　乾闥婆爲司奏伎樂的天神。

又根據慧遠，破相宗跟破性宗一樣，分「有」和「無」兩方面，說明世諦存在的特質。在「有」方面，此宗分辨出四種對世諦存在的看法，在破性宗所舉出的「事相」、「法相」、「假名」三種看法外，另加「妄想」一種看法。這看法視世諦存在悉爲妄想，是本宗所獨有。至於「無」方面，此宗表示世諦存在不但「無」凡夫所計取的我體，亦「無」立性宗所肯認的實性。❶

破相宗所說的眞諦，其涵義有三重：

> 眞諦之中，義別有三：一者畢竟妄想空寂，以爲眞諦。二此空中，無彼凡夫橫計我人，以爲眞諦。三此空中，無彼凡夫取立自性，以爲眞諦。❷

首先，破相宗以完全沒有妄想的空寂理境爲眞諦。其次，這空寂的理境並沒有凡夫所妄計的我體，故此宗亦如上述的立性宗和破性宗，以無我的道理爲眞諦。最後，這空寂的理境並沒有凡夫以至立性宗所肯認的實性，故此宗亦如破性宗，以無性的道理爲眞諦。

4. 顯實宗的二諦觀

依上章第五節所述，顯實宗宣說「眞性緣起」，主張世間事物爲眞性如來藏隨緣所變起的妄相。慧遠綜括其二諦觀的要旨如下：

> 第四宗中，義別有二：一依持義、二緣起義。若就依持以明二

---

❶ 有關破性宗的世諦觀，詳見《大正藏》卷44，頁484中。

❷ 同上註。

者，妄相之法以爲能依，眞爲所依。能依之妄，説爲世諦；所依之眞，判爲眞諦。……若就緣起以明二者，清淨法界如來藏體緣起，造作生死涅槃。眞性自體，説爲眞諦；緣起之用，判爲世諦。㉑

根據慧遠這裡所述，顯實宗是以眞性如來藏爲眞諦，以世間妄相存在爲世諦。又顯實宗所說的眞性如來藏，跟世間妄相存在，有「依持」和「緣起」兩種關係，由是慧遠乃謂顯實宗的二諦觀，具「依持」和「緣起」二義：「依持」者，是說妄相世諦法，爲依附如來藏眞諦法存在，前者是「能依」，後者是「所依」；「緣起」者，是說妄相世諦法是如來藏眞諦法隨緣造作所生起，前者是「用」，後者是「體」。

　　又根據慧遠，顯實宗亦分「有」和「無」兩方面，陳述世諦存在的特質。在「有」方面，此宗分辨出六種對世諦存在的看法，在破相宗所舉出的「事相」、「法相」、「假名」、「妄想」四種看法外，別出另一種「妄想」的看法、與及「眞實」的看法。這兩看法是本宗所獨有，前者辨明於心外無有一法存在，所有世諦存在都是「妄想」心活動所呈現；後者申明所有世諦存在皆是如來藏「眞實」自體在隨緣時所集成。至於「無」方面，此宗就四方面說世諦存在是無：

⑴它們是無我，因此是無。

⑵它們是無性，因此是無。

⑶它們是無相，因此是無。

㉑　同上註，頁483下。

⑷它們是妄想心所呈現的東西,因此是無。

前三義分別爲前三宗所講的眞諦所涵,後一義則祇見於本宗。

顯實宗所說的眞諦,亦即是如來藏,也有「有」和「無」兩方面。說如來藏眞諦法是「有」,是因爲它具有恒河沙般衆多的佛法功德。說如來藏眞諦法是「無」,有五種理由:

⑴它「無」凡夫所妄計的我體。

⑵它「無」凡夫以至立性宗所肯認的實性。

⑶它「無」立性和破性這小乘兩宗所肯認的假相。

⑷它「無」妄想。

⑸它所具有的佛法功德,爲同一體性,「無」彼此分別。㉒

又依上章第五節所述,在立性、破性、破相、顯實這四宗中,慧遠最推舉顯實宗;而此宗所持的「眞性緣起」主張,無非即是慧遠所宣揚的眞心思想。由是在上述四宗的二諦觀中,顯實宗的二諦觀可視爲代表了慧遠的觀點。

(三)二諦即離

「二諦即離」乃是南北朝時代二諦論的主要論題。當時的二諦論者本於大乘佛教的圓融精神,力主二諦相即;並以未能證成二諦相即爲理由,互相批評。《大乘義章》〈二諦義〉結章處接觸到這論題,對四宗所出的二諦是相即抑或是相離,作出全面檢討。

對於立性宗所出的二諦的即離,慧遠有如下檢討:

㉒　有關顯實宗的世諦觀和眞諦觀,詳見同上註,頁484中一下。

就初宗二諦相望，即離不定。三句分別：

一者，世諦即第一義：如說陰、界、十二入等事相差別，以爲世諦；即此法中所有諦理，說爲眞諦。

二者，世諦不即眞諦：謂非數滅、虛空無爲。

三者，眞諦望彼世諦，不即不離：謂空、無我。即就陰上明空、無我，名爲不離；然彼但無橫計我人，不空陰法，故名不即。㉓

慧遠指出立性宗所說的世諦和眞諦，它們有「即」的地方，有「離」的地方，亦有「不即不離」的地方：

(1)此宗把五陰、十二入、十八界所構成的差別事相，說爲是世諦；即就差別事相所有的苦、無常、無我、空等共相，說爲是眞諦。從這地方看，其所說的二諦爲相「即」。

(2)此宗所出的世諦法，除了五陰、十二入、十八界所構成的事相外，還包括「非數滅無爲」和「虛空無爲」；而這兩種無爲法作爲無爲法，都不是無常的，並不顯示無常等眞諦。㉔從這地方看，其所說的二諦爲相「離」。

(3)此宗以空、無我等爲眞諦，而這些眞諦法作爲事相世諦法的共相，固然可以說是「不離」世諦。然而此宗不否認事相世諦法是具有體

㉓　《大正藏》卷44，頁485上。

㉔　慧遠主張世諦「該攝有爲、無爲之法」（《大正藏》卷44，頁482下），而根據小乘《阿毘曇》論書，無爲法是沒有生、住、異、滅的四相，因此是常住的。「虛空無爲」和「非數滅無爲」是無爲法的兩種，前者指空間，後者指「非」是因爲智慧斷除惑障、而是因爲缺緣而得到的寂「滅」法。

性，其所言的事相世諦，還有不空的地方，未能徹底體現空、無我等真諦。就這點看，其所說的世諦跟真諦是有別，兩者爲「不即」。

關於破性宗所談的二諦的即離，慧遠評述如下：

> 第二宗中所說二諦形對不定。對前宗中，陰上無人，得說性空，即於世諦。……若對後宗，得言不即。後宗之中，即指妄想虛誑之法，以之爲空，故名爲即。今此宗中，就假名因緣法中，說無定性，不空假名因緣之相，故曰不即❷

慧遠在這裡把破性宗所說的二諦，跟前述的立性宗和後述的破相宗的比對，指出此宗所說的事相世諦法，跟前宗不同，爲沒有體性，故較能彰顯空、無我等真諦的實義；因此對比前宗所言世諦爲跟真諦不即，可說此宗所言世諦爲跟真諦相「即」。祇是此宗仍然容認有無體性的因緣假名世諦法存在，其所言的世諦法未能像後兩宗所言者那般徹底地體現空、無我等真諦；因此對比後兩宗所言的二諦爲相即，乃謂此宗所言的二諦爲「不即」。

至於破相宗所說的二諦，慧遠認爲它們是「一向相即」：

> 第三宗中所說二諦，一向相即。彼說諸法妄想虛誑，體是無法，其猶幻化。幻化之有，喻彼世諦；幻化之無，喻彼真諦。然彼幻有，無別體性，說無爲有；無爲有故，世諦即真。幻化之無，亦無別體，指有爲無；有爲無故，真諦即世。❷

---

❷　《大正藏》卷44，頁485上。

❷　同上註。

慧遠首先指出破相宗主張一切事相原來是妄想，爲虛構的存在，本質上是無有，就像幻化一樣。他繼而表示幻化的「幻有」方面，可以比喻此宗所言的世諦；幻化的「本無」方面，可以比喻此宗所言的眞諦。今「幻有」並非獨立於「本無」之外、別有體性之存在，而是「本無」的幻化所呈現的虛妄相，故可說「無爲有」。而「本無」亦非獨立於「幻有」之外、別有體性之存在；它無非是表虛妄的「幻有」之不眞實本質，故可說「有爲無」。既然是「無爲有」，「有爲無」，那麼便可說世諦即眞諦，眞諦即世諦了。

　　對於顯實宗所陳之二諦，慧遠以爲它們既可說是「不即不離」，亦可說是「相即」：

> 第四宗中兩種二諦：一者依持、二者緣起。……依眞起妄，即妄辨眞，得說不離；眞妄性別，得云不即。……若就緣起，二諦相望，得言相即。即體起用，用即體故。❷❼

上節闡述顯實宗的二諦觀，指出此宗以眞性如來藏爲眞諦，以世間妄相存在爲世諦，認爲這兩者之間，存在著「依持」和「緣起」兩種關係。這裡慧遠表示要是從「依持」關係看，妄相世諦法是依於如來藏眞諦法現起，即妄相世諦法存在可推知有如來藏眞諦法存在，故可說二諦「不離」。唯妄相世諦法是妄染，如來藏眞諦法是眞淨，兩者本性不同，故又可說是「不即」。至於從「緣起」關係看，如來藏眞諦法乃是本體，而妄相世諦法乃是這本體隨緣所起的相用，此中是「即體起用，用即體」，故二諦完全是「相即」。

---

❷❼　同上註，頁485中。

　　以上慧遠評析四宗所述二諦的即離，其最值得注意地方，是他雖然最推重四宗中的顯實宗，但在二諦問題上，他並沒有否認其他三宗所出的二諦是有「即」的一面，更且指出破相宗所講的二諦是一往相即，又承認顯實宗所明的二諦是有「不即」的地方。這種持平的立論態度，是很難得的。

第五章 淨影慧遠的佛性學説

據近人考證，「佛性」爲buddhadhatu、buddhagotra、buddha-garbha等意義相關的梵語字的翻譯，有佛的體性、佛的因等多重涵義。❶在印度佛典中，論說「佛性」最詳盡者，要爲大乘《涅槃經》；而佛性觀念乃是因著《涅槃經》在東晉末年（五世紀初）譯出，開始在中國受到注意，並在南北朝時期，隨著《涅槃經》的流行，成爲廣受關注的佛教思想課題。《涅槃經》卷帙浩繁，其前後兩部分（習稱「前分」和「後分」）非出自一人之手，於佛性問題所持立場並不一致。❷南北朝的佛性論者各有不同思想背景，由是各取所需，其所表

---

❶ 有關「佛性」的梵文原語和涵義，參閱屈大成：《大乘〈大般涅槃經〉研究》（臺北：文津出版社，1994年），頁145－147；小川一乘：《如來藏・佛性の研究》（京都：文榮堂書店，1969年），頁43－68；《佛性思想》（京都：文榮堂書店，1982年），頁21－30；水谷幸正：〈佛性について〉，《印度學佛教學研究》第4卷第2號（1956年）；〈如來藏と佛性〉，《佛教大學學報》第31號（1956年），頁51－57；篠田正成：〈佛性とその原語〉，《印度學佛教學研究》第11卷第1號（1963年）。

❷ 關於《涅槃經》的諸本及其各部分內容的比較，參閱屈大成：《大乘〈大般涅槃經〉研究》，第1、2章；布施浩岳：《涅槃宗の研究》（東京：國書刊行會，1942年），前篇。關於《涅槃經》的佛性學説，參閱屈大成：《大乘〈大般涅槃經〉研究》，第7章；釋恒清：〈《大般涅槃經》的佛性論〉，《佛學研究中心學報》第1期（1996年）；Liu Ming-Wood, "The doctrine of Buddha-nature in the Mahāyāna *Mahāparinirvāṇa-sūtra*," *Journal of the International Association of Buddhist Studies,* vol.5 no.2（1982）。

達意見出入甚大，掀起了爭議。❸慧遠對佛性問題頗爲重視，《大乘義章》卷一設〈佛性義〉一科，分五門詳加闡述，對引起爭論的各點，均有申明，提出自己的觀點。又其《大般涅槃經義記》註釋《涅槃經》論及佛性的地方，其所作的義理引申，往往頗有新意，亦有參考價值。以下試以前者所述爲綱，配合以後者一些重要章節，對慧遠的佛性思想，作通盤檢討。

(一)「佛性」釋名

《大乘義章》〈佛性義〉分五門，詳論佛性問題，其中第一「釋名」一門對構成「佛性」一辭的「佛」和「性」兩字的涵義，作出分析，顯示「佛性」觀念所有的多重意義。

對於「佛」一字，慧遠有如下解說：

> 「佛」者，是其中國之言，此翻名「覺」。返妄契眞，悟實名「覺」。❹

在這裡慧遠正確指出「佛」（Buddha）原來是梵語字（「中國之

---

❸　關於中國初期佛性學說，參閱湯用彤：《漢魏兩晉南北朝佛教史》（北京：中華書局，1983年），第17章；賴永海：《中國佛性論》（上海：人民出版社，1988年），第1－4章；Liu Ming-Wood, "The early development of the Buddha-nature doctrine in China," *Journal of Chinese Philosophy,* vol.16 no.1（1989）。

❹　《大正藏》卷44，頁472上。有關慧遠對「佛」一名的界定，本書第6章第1節有更詳細分析。

言」）❺，其本義爲覺；並解釋所謂「覺」，有捨妄證眞，悟得眞實
的意思。

　　「佛」一字的意思顯豁，「佛性」一辭所以有多樣涵義，乃是由
於「性」一字表義不一。慧遠分「種子因本」、「體」、「不改」、
「性別」四方面，分析「性」字所表義、及解釋依是而得生的各種
「佛性」義；其解說提及如來藏和眞識。

1.種子因本義

　　關於「性」的「種子因本」義，及依此義而得出的佛性義，慧遠
這樣說：

> 一者，種子因本之義：所言「種」者，眾生自實如來藏性，出
> 生大覺，與佛爲本，稱之爲「種」。種猶因也。故(《涅槃) 經》
> 言：「云何名『性』？性者所謂阿耨菩提中道種子。」❻

《涅槃經》有「性者，所謂阿耨菩提中道種子」的話，慧遠據此乃謂
「性」字有「種子」的意思。依此「性」義，「佛性」便是指佛的種
子。至於甚麼是佛的種子呢？慧遠認爲乃是眾生本來所具有那眞實如
來藏性。如來藏是眾生得以覺悟成佛的「本」據，爲作佛的「因」，
故是佛的種子。

---

❺　佛家所稱「中國」乃是指佛教的發源地。
❻　《大正藏》卷44，頁472上。所引經句參見北本《涅槃經》卷27〈師子吼菩
　　薩品〉第11，《大正藏》卷12，頁523下。

2.體義

對「性」的「體」義,及由是引申而得的佛性義,慧遠說明如下:

> 二、體義名「性」。說「體」有四:
> 一、佛因自體,名爲「佛性」,謂眞識心。
> 二、佛果自體,名爲「佛性」,所謂法身。
> 第三通就佛因佛果,同一覺性,名爲「佛性」。……是性不
> 異因果。因果恒別,性體不殊。
> 此前三義,是能知性,局就眾生,不通非情。第四通說諸法
> 自體,故名爲「性」。此性唯是諸佛所窮,就佛以明諸法體
> 性,故云「佛性」。此後一義,是所知性,通其內外。❼

慧遠表示「性」字也有「體」的意思;那麼「佛性」也可以是指佛的
體。慧遠繼而分述此義佛性四方面之所指:

(1)佛因自體:即是眞識心。慧遠所謂眞識心,依本書第二章析述所
　見,無非即是那作爲成佛之因的如來藏,故說它是「佛因自體」。
(2)佛果自體:即是法身佛。所謂「法身佛」,慧遠在《大乘義章》卷
　十九〈三佛義〉一科,有如下解說:

> 「法」者,所謂無始法性。此法是其眾生體實,妄想覆纏,於
> 己無用。後息妄想,彼法顯了,便爲佛體,顯法成身,名爲
> 「法身」。……法身體有覺照之義,名「法身佛」。❽

---

❼　同上註。

❽　同上註,頁837下。

「法身佛」一名中的「法」，是指無始以來常存的法性。這眞實法
性是眾生本來所具有，祇是爲妄想覆纏，未能發用。當妄想止息，
法性便會顯了；而由此成就的「身」，以覺照爲性，便是「法身
佛」。這解說清楚顯示法身佛乃是由止息妄想而開顯的佛果，故說
它是「佛果自體」。

(3)通於佛因佛果的覺性自體：關於這覺性，與及它跟「佛因」和「佛
果」的關係，可參考《大乘義章》〈三佛義〉另一節話：

> 「法身」離相爲空，而體實有。……眞心體是神知之性，能有
> 覺照，故得名「覺」。……心於彼法（性），同體照明，由來
> 無障。……性雖照明，而爲無明闇障所覆，相似不覺；後除
> 闇障，彼心顯了，始顯眞心，如其本性，內照法界，故得名
> 「佛」。❾

這節話解釋何以說法身佛以覺照爲性，當中提到作爲「佛因」的眞
識心和作爲「佛果」的法身佛。眞識心跟法性同體，能照明法性，
而無障礙，故名爲「覺」。當眞識心爲無明所隱覆，遂以有「不
覺」。當無明消除，眞識心顯了，如其本性覺照法性，這便是法身
佛。由此可見，有同一覺性，隱時爲「佛因」，顯時爲「佛果」；
因果有分殊，「覺性自體」則沒有差別。

(4)諸法自體：即是一切存在的體性。唯有佛能窮究所有存有物的體
性，故把它們也納入「佛性」範圍。

以上所出四種「體義」的佛性，前三種是有情方有，無關木石等無情

---

❾　同上註。

之物，而有情的特點是能有覺知，故說它們是「能知性」。後一種包括一切可以被覺知的東西，無論是內在的或外在的，是有情的或是無情的，故說它是「所知性」。

3. 不改義

慧遠認為「性」亦有「不改」意思，並配合上述四種佛「體」義，列舉四種佛「不改」義：

> 三、不改名「性」。「不改」有四：
>
> 一、因體不改，說之為「性」：非謂是因常不為果，說為不改；此就因時，不可隨緣返為非因，故稱「不改」。……因體即是如來藏性，顯為法身，體無變易，非如有為得果因謝。就體以論，故名「不改」。
>
> 二、果體不改，說名為「性」：一得常然，不可壞故。
>
> 第三通就因果自體不改名「性」：……佛性亦爾，佛因佛果，性不改故，眾生究竟必當作佛，不作餘法。……
>
> 第四通說諸法體實不改名「性」：雖復緣別內外染淨，性實平等；湛然一味，故曰「不改」。❿

根據以上分析，以「佛性」為指佛的不改，有四重不同意思：

(1)佛因自體不改：這又可分兩方面說：

　(a)隨緣不改：作為佛因自體的真識心，雖然在跟無明等妄緣結合時，集起生死界種種染污法，但其覺性始終沒有轉變，故說「不改」。

---

❿　同上註，頁472上－中。

(b)得果不改：當眞識心（亦即如來藏）這佛因自體的覺性全體朗
　　現，便是證得法身佛這佛果自體之時；而作爲佛因自體本質的
　　覺性，並不會在得證佛果時謝滅，故說「不改」。

(2)佛果自體不改：作爲佛果自體的法身佛，是一得常得，不會壞滅，
　　故說「不改」。

(3)通於佛因佛果的覺性自體不改：作爲通於佛因佛果的覺性自體，無
　　論是在因位時或是在果位時，始終如一；因是之故，眾生最終定當
　　成佛；故說「不改」。

(4)諸法自體不改：眞識心隨緣所生的萬有，雖然表面上有內外、染淨
　　等不同，其眞實體性則沒有分別，是平等一味，深遠不可測，故說
　　「不改」。

4.性別義

　　慧遠還表示「性」也有「性別」的意思。就此他再次配合四種佛
「體」義，作出說明：

　　四、性別名「性」。性別有四：
　　一、明因性別異於果。
　　二、明果性別異於因。
　　第三通就因果體性別異非情。……
　　四、就一切諸法理實別於情相虛妄之法，名之爲性。故（《勝
　　鬘》）經說言：「如來藏者，非我，（非）眾生，非命，非
　　人。」⓫又復（《涅槃》）經言：「佛性雖住陰、界、入中，

⓫　參見〈自性清淨章〉第13，《大正藏》卷12，頁222中。

而實不同陰、界、入也。」⑫

依這分析,以「佛性」爲指佛的性別,有四重意思:

(1)是說佛因自體的體性有跟佛果自體的體性別異的地方。

(2)是說佛果自體的體性有跟佛因自體的體性別異的地方。

(3)是說佛因自體和佛果自體在體性上有跟木石等無情之物別異地方。

(4)是說萬有是以如來藏、亦即佛性爲體;而這萬有之實體跟世間的妄
　　相有所別異。

(二)佛性的體狀

　　綜觀慧遠對「佛性」一辭的釋義,慧遠所理解的佛性,基本上指
「覺性」。這覺性爲衆生所有,是衆生能夠成佛的根據,因此說覺性
是「種子因本」、是「佛因自體」。覺性爲「種子因本」時,是被煩
惱所覆;當煩惱消除,覺性顯現,便是證得佛果;因此說覺性是「佛
果自體」。覺性在因時是隱,在果時是顯,隱顯有分殊,其爲明覺則
始終如一,因此說覺性是「不改」。覺性在因時,隨緣變現出各種世
間虛妄之法,唯其自性清淨,跟世間虛妄之法爲染污根本有別,因此
說覺性是「性別」。又世間的存在雖然是虛妄,但它們都是覺性在因
時所變現,而且它們的體性是「平等」、「湛然」,祇有佛才能覺
照,故推而廣之,慧遠又把「諸法自體」稱爲「佛性」。值得注意是

---

⑫　《大正藏》卷44,頁472中。所引《涅槃經》經句參見北本《涅槃經》卷27
　　〈師子吼菩薩品〉第11,《大正藏》卷12,頁526中。

慧遠在釋說「種子因本」義和「佛因自體」義時，分別把它們等同真
識心和如來藏；而上述有關覺性的構思，又跟《大乘起信論》等如來
藏系典籍所明者相若。⓭這顯示慧遠是以如來藏真心思想為本位，處
理佛性課題。這點從慧遠對佛性的體狀的分析，亦可以清楚看出來。

　　《大乘義章》〈佛性義〉在第一門解析「佛性」名義後，繼而在
第二「辨體」一門，從不同角度，自略至廣，分一門、二門、以至三
十三門，分述佛性的體狀。首先慧遠綜合佛性的體狀為一門：

> 所言一者，雖復緣別染淨之殊，性旨一味，湛若虛空，故云
> 「一」也。⓮

說佛性是「一」，是因為雖然覺性在隨緣時變現染淨分殊的萬有，它
的本性則是一體無別，深遠有如空間。

　　慧遠列舉佛性的二門體狀，共有四種：

1.染淨二

關於佛性有染、淨兩門，慧遠解釋：

> 約緣分二：緣有染淨，「染」謂生死，「淨」謂涅槃。生死、
> 涅槃體皆是性故。⓯

⓭　有關《大乘起信論》的真心和本覺思想，參閱本書第2章第1節。

⓮　《大正藏》卷44，頁472下。

⓯　同上註。

謂佛性有染、淨兩門，是就覺性隨緣而說。覺性與妄緣結合時，有生起染污法的作用；而有染污法便有生死；這是佛性「染」的一面。當覺性脫離妄緣，不再起染污用，其本然澄明性得以顯現，便即是證悟涅槃；這是佛性「淨」的一面。

2.體用二

慧遠這樣解說佛性的體、用兩門：

> 二、體用分二：廢緣論性，性常一味，是其「體」也；隨緣辨性，性有淨穢，是其「用」也。**[16]**

謂佛性有體、用兩門，是就「廢緣」和「隨緣」不同而說。撇開妄緣，觀覺性自體，它是恒常如一，沒有任何分別相，這是佛性「體」的一面。當覺性隨緣，它呈現出清淨、污穢各種分殊相，這是佛性「用」的一面。

3.能知性所知性二

對於佛性的能知、所知兩門，慧遠說：

> 三、能所分二：一能知性、二所知性。能知性者，謂眞識心。……此能知性局在眾生，不通非情。……所知性者，謂如法性、實際、實相、法界、法住、第一義空、一實諦等。……此

---

[16] 同上註。

所知性，該通内外。**⑰**

慧遠在上文解釋「佛性」的「體」義時，已表示佛性可綜括爲「能知」和「所知」兩方面，前者唯有情方有，後者則遍通有情和無情之物。在那裡，他把作爲佛因自體的眞識心、作爲佛果自體的法身佛、與及通於佛因佛果的覺性，都納入「能知性」一項下，而泛舉法性自體爲「所知性」。慧遠在這裡闡釋「能知」「所知」二門佛性，所述跟上文基本一致；不同之處在這裡獨舉眞識心爲「能知性」代表，對「所知性」則有較具體申述，遍舉眞「如」、「實際」、「實相」、「法界」等爲「所知性」；而「眞如」、「實際」等辭在佛教乃是用來指謂一切存在的眞實體性。

4.法佛性報佛性二

「法佛性」和「報佛性」兩辭所提到的「法佛」和「報佛」，分別指法身佛和報身佛。上文談及佛性的「佛果自體」義時，已經談到法身佛。依慧遠所見，法身佛乃是眾生本具的覺性顯了，從而成就的佛身，以覺照爲本性。至於慧遠所見的報身佛，且觀《大乘義章》〈三佛義〉一科以下的說明：

> 報身佛者，酬因爲「報」。有作行德，本無今有，方便修生。修生之德，酬因各「報」；報德之體，名之爲「身」。又德聚積，亦名爲「身」。報身覺照，名之爲「佛」。**⑱**

---

⑰　同上註。

⑱　卷19，《大正藏》卷44，頁838上。

慧遠表示報身的「報」，意思爲酬報。由修作而成就的功德，從前不存在，爲酬應方便修行之因而生起，聚合而爲體，是爲「報身」。報身有覺照的作用，故名「佛」。慧遠把報身佛跟法身佛比較，說：

> 問曰：報佛亦能覺照，與前法佛覺照何異？
>
> 釋言：體一，隨義以分。眞心之體，本隱今顯，說爲「法佛」。此眞心體，爲緣熏發，諸功德生，方名「報佛」。**⓳**

法身佛和報身佛是以同一的覺性爲體，而這覺性亦即是衆生所有的眞心的體性。衆生的眞心的覺性爲煩惱掩覆，隱而不顯；當它完全顯露時，便即是法身佛。又隨著眞心覺性顯露，煩惱相消失，代之而生的爲各種功德相，這即是報身佛。

「法佛」和「報佛」之義既明，以下慧遠釋說「法佛性」和「報佛性」的一節話便不難理解：

> 四、對果分二：一法佛性、二報佛性。法佛性者，本有法體，與彼法佛體無增減，唯有隱顯、淨穢爲異。如礦中金與出礦時（金），體無多少。……報佛性者，本無法體，唯於第八眞識心中有其方便可生之義。如礦中金有可造作器具之義，非有器具已在現中。如樹子中未有樹體，唯有方便可生之義，若無生性，雖以無量百千方便，佛不可生，如燋種中樹不可生。**⓴**

謂佛性有法佛性、報佛性兩門，是就佛果有法身佛、報身佛兩種而

⓳　同上註。

⓴　《大正藏》卷44，頁472下－473上。

說。首先，眾生所具的覺性，本來有法身佛的體性，跟法身佛是一體，祇有在隱和在顯的分殊；正如礦中和出礦時的黃金是同一的黃金，祇有在土和出土的分別；故說它是「法佛性」。其次，眾生所具的覺性，雖然本來無報身佛的諸功德，但經由方便修行，可生起報身佛的德性；就像礦中的黃金雖然本來無器具的形狀，但出礦後可以製作成各樣器具，亦像樹的種子雖然沒有樹的體狀，但經由下土、澆灌等方便，便可以長出樹來；故說它是「報佛性」。又「法佛性」和「報佛性」既然同是指眾生所具有的覺性，而慧遠每稱此覺性為如來藏，因此乃有如來藏為這兩種佛性之說：

> 如來藏體，是法佛性；於此體上，有可出生報佛之義，名「報佛性」。㉑

還有慧遠視「如來藏」為其八識心識體系中的第八識之別稱，㉒由是他又以第八識為法佛性和報佛性：

> 八識心體，是法佛性；彼心體上，從本已來，有可從緣生報佛義，名「報佛性」。㉓

慧遠分析佛性體狀，除了列舉上述的一門、兩門界別外，還提到許多其他分類。當中述及的「不善陰」第四門分類，牽涉及一闡提是否具有佛性之問題，是值得留意。「一闡提」為梵語字icchantika的

㉑　《大般涅槃經義記》卷8，《大正藏》卷37，頁834下。

㉒　這點參見本書第2章第2節。

㉓　《大乘義章》卷19〈三佛義〉，《大正藏》為44，頁843下。

音譯，意譯爲「樂欲者」、「大貪者」等，在佛典中是指罪惡深重，難於救拔的有情。就一闡提是否具有佛性的問題，《涅槃經》的〈後分〉有以下一段話：

> 善男子！或有佛性，一闡提有，善根人無；或有佛性，善根人有，一闡提無；或有佛性二人俱有；或有佛性二人俱無。❷❹

以上經文把佛性分爲四門：

(1)一闡提有、善根人無的佛性。

(2)善根人有，一闡提無的佛性。

(3)一闡提、善根人俱無的佛性。

(4)一闡提、善根人俱有的佛性。

慧遠申釋其意，乃說佛性有不善陰、善五陰、佛果陰、理性四種：

1.不善陰：慧遠解釋說：

> 不善陰者，凡夫五陰，眞妄所集，……攝陰從眞，皆眞心作。……從眞義邊，說爲佛性。……四中初一，闡提人有，善根人無。❷❺

「陰」是指構成現象層面存在的色、受、想、行、識五種成分；而「不善陰」乃是凡夫所有的有漏五陰。凡夫的五陰雖然是有漏，但它們是眞心在隨染緣時所集起，爲眞心之所作；從它們有「眞」的一面，遂稱之爲「佛性」。這種佛性是一闡提有，善根人無。

---

❷❹　北本《涅槃經》卷36〈迦葉菩薩品〉第12，《大正藏》卷12，頁574下。

❷❺　《大正藏》卷44，頁473中。

2.善五陰：慧遠解釋說：

> 善五陰者，地上之身。……此陰眞心緣治合成。……攝陰從
> 眞，眞心所爲。……眞作義邊，說爲佛性。……第二善陰，善
> 根人有，闡提人無。㉖

「善五陰」是修行至十地中的初地（「地上」）的有情所有的無漏
五陰，㉗爲眞心接受淨緣熏治，從而生成。從它們爲眞心所爲，有
「眞」的一面，遂稱之爲「佛性」。這種佛性是一闡提無，善根
人有。

3.佛果陰：慧遠解釋說：

> 佛果陰者，是佛果德；與前善陰大況相似，滿不滿異。……第
> 三果陰，二人俱無。㉘

「佛果陰」是指菩薩修行成佛時所得的、具足功德的五陰。佛果陰
與善五陰一樣是無漏，而比善五陰更圓滿，故稱之爲「佛性」。這
種佛性不但一闡提沒有，善根人未成就佛果，也是沒有。

㉖　同上註。

㉗　「十地」爲菩薩修行十種高層次的階位，其修成便是佛法身的證得。初地
　　稱「歡喜地」。慧遠在《大乘義章》〈十地義〉對「歡喜地」有如下界定
　　：「歡喜地者，經中亦名『淨心地』也。成就無上自利利他行，初證聖
　　處，多生歡喜，故名『歡喜』。住此地時，於眞如中證心清淨，名『淨心
　　地』。又於三寶得清淨信，亦名『淨心』。」（同上註，頁749下）

㉘　同上註，頁473中。

4.理性：慧遠解釋說：

> 廢緣談實，實之處無緣。以無緣故，眞體一味，非因非果，與
> 涅槃中非因果性，其理一也。……第四理性，二人俱有。㉙

「理性」是撇開隨緣的相用，就實而論的「眞體」，亦即是覺性的
自體。覺性自體雖隨緣而成爲「佛因」、「佛果」，其自身則無所
謂因果，沒有一切分別相，跟涅槃爲無所謂因果，道理上是一樣。
這種佛性不但善根人有，一闡提亦有。

如是看，就一闡提沒有善五陰和佛果陰，可以說一闡提沒有佛
性；就一闡提有不善五陰和理性，可以說一闡提有佛性。

又南北朝時人談說佛性，多以《涅槃經》所言爲本據。《涅槃
經》有以下一節有關佛性的話：

> 佛性者有因、有因因、有果、有果果。有因者，即十二因緣；
> 因因者，即是智慧。有果者，即是阿耨多羅三藐三菩提；果果
> 者，即是無上大般涅槃。……非因非果，名爲佛性。㉚

南北朝的佛性論者每根據此節經文，謂佛性有「因」、「因因」、
「果」、「果果」和「非因非果」五方面，分別爲指十二因緣、智
慧、菩提、涅槃和佛性自體。至於爲甚麼經文說十二因緣是佛性
「因」、智慧是佛性「因因」等，不同論者有不同解釋，成爲中國佛
性學說的主要論題之一。慧遠亦以《涅槃經》所言爲據，說佛性有因

㉙　同上註。

㉚　北本《涅槃經》卷27〈師子吼菩薩品〉第11，《大正藏》卷12，頁524上。

性、因因性、果性、果果性、非因非果性五門，對前四門有如下解
說：

> 言「因」性者，謂十二緣，能與涅槃爲本因故。……（十二）
> 因緣眞妄集成。……攝緣從實，皆眞心作。……由眞作故，窮
> 之得實，便名「涅槃」，故得爲因。……
> 言「因因」者，謂菩薩道。道起必由十二緣生。從因起因，故
> 曰「因因」。……
> 言「果」性者，謂大菩提；言「果果」者，謂大涅槃。……此
> 之二果，雖復同時，隨義分之，得以菩提顯彼涅槃。菩提能顯
> 義，說爲因；涅槃所顯義，說爲果。然彼菩提返望前因，已受
> 「果」名，涅槃是彼果之果，故云「果果」。❸

(1)因性──十二因緣

「十二因緣」者，即無明、行、以至老死這十二支緣生法。這些緣
生法雖然是虛妄，但都是眞心隨緣所作，有覺的一面；而窮此覺
性；究源得實，便是涅槃。故說十二因緣爲「因」。

(2)因因性──菩薩道

菩薩道即通向涅槃之道，而實踐菩薩道，必定要由正確體識十二因
緣的道理開始。菩薩道爲成就涅槃的因，而自身又以十二因緣爲
因，故說它是「因因」。

---

❸ 《大正藏》卷44，頁473下－474上。有關慧遠對這四門的解說，亦見《大
　般涅槃經義記》卷8，《大正藏》卷37，頁826上－下。

(3)果性——大菩提

(4)果果性——大涅槃

實踐菩薩道的結果，便是證得無上菩提，成就無上涅槃，故菩提和涅槃同樣是「果」。比較菩提和涅槃這兩種果，它們雖然是同時證成，而有「能顯」和「所顯」的不同；菩提是能顯了究竟真實的能力，是因；涅槃是所顯了的究竟真實境界，是果。又上面既然已說菩提是「果」，則涅槃便是由菩提「果」所成就的「果」，故說它是「果果」。

至於第五「非因非果」一門，慧遠說：

> 「非因果」者，如實法性，旨通染淨，而非因果。……廢緣談實，就體指也。❸

「非因非果」是撇開隨緣、如實而顯現的真實「法性」，而「法性」在這裡當是指覺性自體，亦即上述「不善五陰」等四門佛性中的「理性」。這覺性自體在隨緣時生現染、淨諸用，自身則是無因、果等差別，故說它是「非因非果」。

(三)慧遠與其時代流行的諸佛性課題

慧遠同時的佛性論者除了申析佛性五門，對「正因佛性」一辭的涵義、佛性為本有還是為始有，一闡提是否具有佛性諸問題，都紛紛提出意見。《大乘義章》〈佛性義〉之第三門討論佛性之為有無、內外、當現等、第四門分析佛性的諸種因義，其言顯示了慧遠在這些問

---

❸　同上註，頁473下。

題上所採取的立場。

1. 正因和正因佛性

　　《涅槃經》盛言眾生有佛性；而「正因」觀念乃是《涅槃經》配合其眾生有佛性之主張，而首先提出。《涅槃經》用乳生酪的譬喻，說明「正因」跟「緣因」的分別：

> 因有二種：一者正因、二者緣因。「正因」者如乳生酪，「緣因」者如煖、酵等。❸❸

酪的產生，乳奶爲主要條件，熱力和酵母爲輔助條件。經文以乳奶爲正因的例子，熱力、酵母爲緣因的例子，可見「正因」是指主要原因，「緣因」是指輔助原因。《涅槃經》利用「正因」觀念，突出眾生跟佛性關係之密切：

> 眾生佛性亦二種因：一者正因、二者緣因。「正因」者謂諸眾生，「緣因」者謂六波羅蜜。❸❹

祇有有生命的個體才叫以成佛，因此眾生是佛性的正因。而眾生要成佛，便必須實踐布施、持戒等六波羅蜜，因此六波羅蜜是佛性的緣因。

　　由此可見，《涅槃經》所謂「正因」，是指主要條件。《涅槃經》泛說眾生爲佛性的「正因」，而南北朝的佛性論者則對佛性的正

---

❸❸　同本章註❸⓪，頁530中。

❸❹　同上註，頁530下。

因之所指，作出進一步界定，由是出現各種不同的「正因佛性」說法。根據慧遠同時的三論師吉藏的記載，那時流行的「正因佛性」說共有十一種之多，包括：

(1)以眾生爲正因佛性。

(2)以六法爲正因佛性。

(3)以心爲正因佛性。

(4)以冥傳不朽爲正因佛性。

(5)以避苦求樂爲正因佛性。

(6)以眞神爲正因佛性。

(7)以阿賴耶自性清淨心爲正因佛性。

(8)以當果爲正因佛性。

(9)以得佛之理爲正因佛性。

(10)以眞諦爲正因佛性。

(11)以第一義空爲正因佛性。**㉟**

其中第七種以清淨本心爲正因佛性之說，當是出自地論學統。

《大乘義章》〈佛性義〉第四「明因」一門發端，比較正因和緣因，說：

> 言緣（因）正（因）者，親而感果，名爲「正因」，疏而助發，名爲緣因。**㊱**

這裡說正因「親而感果」，緣因「疏而助發」，可見慧遠以爲「正

㉟ 參見吉藏：《大乘玄論》卷3的記載，《大正藏》卷45，頁35中—下。

㊱ 《大正藏》卷44，頁476下。

因」是指親因，「緣因」是指助因，跟《涅槃經》原有的理解無別。慧遠跟著約修行所成就的果，分辨前面所言的佛性諸門，何者是正因，何者是緣因。例如他指出約佛身果說，法佛性是法佛身果的「正因」，報佛性是報佛身果的「正因」。又約菩提果和涅槃果說，則是：

> 若分果德，性淨、方便二種差別，是則緣、正差互不定。若望性淨菩提、（性淨）涅槃，是則佛性同體，相起以爲正因，諸度等行名爲緣因。若望方便菩提、（方便）涅槃，諸度等行同類生果，名爲正因；佛性理資，說之爲緣（因）。❸❼

相應佛果有法身、報身的分別，菩提果、涅槃果亦有「性淨」、「方便」的不同，前者是由法性顯了所得，後者是方便修行所成。❸❽性淨菩提和性淨涅槃跟佛的覺性是同一體性，是覺體顯現，從而證得的果；因此說佛性是它們的「正因」。要覺體顯現，得去除無明等煩惱蓋，而那便得假借六波羅蜜的緣助，因此說諸度（「度」爲「波羅蜜」的意譯）是性淨菩提和性淨涅槃的「緣因」。至於方便菩提和方便涅槃，它們是由修習六波羅蜜而成就的果，因此說諸度爲它們的「正因」。要正確修習六波羅蜜，便要有覺體的覺照爲之指引，故說佛性是方便菩提和方便涅槃的緣因。

　　上述《大乘義章》對「正因」的解說，爲「正因」一辭作出定

---

❸❼ 同上註。

❸❽ 有關這兩種涅槃和菩提，詳細分別參見《大乘義章》〈涅槃義〉，《大正藏》卷44，頁818上－中；《大乘義章》〈無上菩提義〉，同上，頁830上－中。

義，並說明那種佛性是那種果的「正因」，然而沒有解釋何以《涅槃經》謂眾生爲佛性的正因。慧遠的《大般涅槃經義記》註解上引《涅槃經》以眾生爲佛性的正因的一節話，說：

> 良以眾生眞妄集成，其猶礦石。眞妄成故，能爲離妄淨德之本，故曰正因。**㊴**

上文一再提及慧遠認爲眾生皆有如來藏「眞」識心，由於其「眞」識心隨緣，乃有種種煩惱虛「妄」相變現，這裡說眾生爲「眞妄集成」，當是指這事。又眾生既然有「眞」的一面，便可以爲佛的「離妄淨德之本」，故說眾生爲佛性的正因。如是慧遠乃是從如來藏眞心思想的角度，去理解《涅槃經》佛性正因的觀念。慧遠在《維摩義記》中，便徑稱如來藏性爲「佛正因」：

> 如來藏性是其眞實。此佛正因，故佛從生。**㊵**

慧遠以如來藏眞心觀念，解說正因佛性，這是承襲地論學統的一貫做法。

2. 本有和始有

《涅槃經》力言眾生有佛性，但其所作解說殊欠統一。《涅槃經》多次用到貧女金藏一類譬喻，說明眾生跟佛性的關係：貧女人的家中原來埋藏著眞金藏，貧女人卻不知曉；同樣，眾生原來具有佛

㊴ 卷8，《大正藏》卷37，頁836中。
㊵ 卷1末，《大正藏》卷38，頁444下。

性，祇是這佛性爲煩惱所覆，眾生不覺察其存在。❹這譬喻似乎是要
顯示眾生是本來具「有」佛性。但《涅槃經》中又出現箜篌妙音一類
譬喻，指出正如箜篌的聲音並非原來存在於箜篌內，要條件配合，方
才形成；同樣，佛性亦非原來存在於眾生內，眾生要修習種種方便，
始能證悟正覺。❹這譬喻似乎是要顯示修行所悟得的佛性，是眾生本
來所沒有，爲後來修行方始有。

　　《涅槃經》解說眾生「有」佛性的方式有欠一致，導至「本有」
「始有」爭論的出現。在南北朝時代的佛性論者中，有主張「本有」
者，有主張「始有」者，有兼言兩種「有」者，流傳著各種不同意
見。❹《大乘義章》〈佛性義〉第三門有「辨當現」一節，辨別佛性
爲「當」和爲「現」的意義。其所謂「當」者，指當來有，亦即「始
有」；其所謂「現」者，指現在有，亦即「本有」：

> 言當現者，若就凡說，因性在「現」，果性在「當」；若就
> 佛論，果性在「現」，因性過去。語其理性，旨通「當」、
> 「現」，體非「當」、「現」。❹

慧遠援用〈釋名〉一門所出的「因性」、「果性」等觀念，表達他
在本、始二有問題上的見解。他首先指出：「若就凡說，因性在

---

❹　參見北本《涅槃經》卷7〈如來性品〉第4，《大正藏》卷12，頁407中。

❹　參見同上註，卷26〈光明遍照高貴德王菩薩品〉第10，《大正藏》卷12，
　　頁519中。

❹　有關「本有」「始有」的爭論，參閱湯用彤：《漢魏兩晉南北朝佛教史》，
　　頁512－514；賴永海：《中國佛性論》，頁89－104。

❹　《大正藏》卷44，頁476下。

『現』、果性在『當』」，就未成就覺悟的眾生說，佛的因性（即如來藏真識心）是現在已經有，佛的果性（即法身佛）是當來才有。如是看，要是從「因」的角度觀佛性，則佛性於眾生爲「本有」；要是從「果」的角度觀佛性，則佛性於眾生爲「始有」。慧遠繼而指出：「若就佛論，果性在『現』，因性過去」，就已成就覺悟的佛陀說，佛的果性（法身佛）是現在有；佛的因性（如來藏真識心）在果性顯現時，便不再是因，故是已經「過去」。如是看，要是從「果」的角度觀佛性，佛性於佛爲「本有」。慧遠最後說：「語其理性，皆通『當』、『現』，體非『當』、『現』」，就作爲覺性自體的理性說，覺性自體遍及爲眾生當來有的佛性果和爲眾生現在有的佛性因，而自身是沒有當來、現在的分際。如是看，要是從理性角度觀佛性，則無所謂「本有」和「始有」。

3.一闡提、無情、佛性

「一闡提」如本章上節所述，爲指罪惡深重，難於救拔的有情。對於這種根性最爲卑劣的有情是否具有佛性的問題，《涅槃經》前、後兩部分所表現的立場有所不同：前部分以燒焦的種子、患絕症的病人比喻一闡提，指出甚或《涅槃經》的微妙教學，都不能叫一闡提發菩提心，成就正覺，明確地把一闡提摒除於具有佛性之眾生群之外。❹後部分則不撤除一闡提有改過從善的可能，認爲一闡提要是放棄他們原有的低劣之心，當會證悟正覺，❹並有慧遠在述說「不善陰」等

---

❹　參見北本《涅槃經》卷9〈如來性品〉第4，《大正藏》卷12，頁418上。

❹　參見同上註，卷24〈光明遍照高貴德王菩薩品〉第10，《大正藏》卷12，頁505下。

四門佛性時所引用的一節話，表示一闡提亦有某類佛性。㊼

　　《涅槃經》的前部分首先於東晉末年於南方譯出，由是其一闡提不能成佛的說法，一時成為南方佛教界的通說；唯獨竺道生（約360－434）力排眾議，力主一闡提跟一般有情無別，最後皆得成佛，因而受到大眾排斥。未幾《涅槃經》全本於北方譯就，稍後傳至南方，內中果然有一闡提當得成佛的話。㊽自那時候開始，至唐朝初年，一般中國佛教徒都取《涅槃經》後部分一闡提成佛之說為正義，由是都主張一闡提具有佛性。慧遠在論「不善陰」等四門佛性時，引用了《涅槃經》後部分論說有某類佛性為一闡提所有的一段話，詳加申釋，其解說指出一闡提的「不善陰」本為真心所起，並表示一闡提具有「理性」。㊾同一說法見於《大乘義章》〈佛性義〉第三門之「明有無」一節，當中慧遠引用相同經文，說了類似的話：

㊼　參見本章註㉔。

㊽　關於《涅槃經》的一闡提思想，參閱屈大成：《大乘〈大般涅槃經〉研究》，頁173－187；釋恒清：〈《大般涅槃經》的佛性論〉，頁46－61；水谷幸正：〈一闡提考〉，《佛教大學研究紀要》第40號（1961年），頁76－97；河村孝照：〈大乘涅槃經における菩薩道〉，收入西義雄（編）：《大乘菩薩道の研究》（京都：平樂寺書店，1968年）；〈佛性・一闡提〉，收入平川彰等（編）：《講座大乘佛教6：如來藏思想》（東京：春秋社，1982年）；常盤大定：《佛性の研究》（東京：明治書院，1944年），頁36－66；Liu Ming-Wood, "The problem of the *icchantika* in the Mahāyana *Mahāparinirvāṇa-sūtra*," *Journal of the International Association of Buddhist Studies*, vol.7 no.1（1984）。至於竺道生時代闡提成佛的爭論，參閱陳沛然：《竺道生》（臺北：東大圖書有限公司，1988年），第3章第2節；賴永海：《中國佛性論》，頁57－59。

㊾　參閱本章第2節。

闡提有者，有不善性。佛性緣起爲不善故，不善之法即是佛
性。此不善性，闡提則有，善人無也。

善根人有、闡提無者，謂善性也。佛性緣起三乘無漏，名之爲
「善」，善即是性，故名「善性」。此性聖有，闡提無也。

二人有者，同有理性。

二人無者，同無果性。❺⓪

這裡再次表示一闡提具有「理性」，並指出一闡提的「不善性」，原
來爲覺性隨緣而起。又慧遠《大般涅槃經義記》註解《涅槃經》後部
分說一闡提亦有佛性其中之一節話，說：

下重辯之，現無當有。言「闡提等無有善法，佛性亦善」，明
其現無。舉一闡提等餘罪人，彼現無善，果性亦善，故彼現在
無有佛性。「以未來有」，故闡提等悉有性者，明其當有。❺①

這裡說一闡提於現在沒有善性佛果，於當來可以有善性佛果，明確地
肯認一闡提有成佛的可能。

又慧遠不但說一闡提有佛性，更進而說佛性遍及木石等一切無情
之物。本章前兩節都提及慧遠把佛性分爲「能知性」和「所知性」兩
門，主張「所知性」是通於有情和無情。又慧遠《大般涅槃經義記》
有一節話，指出「所知性」該通衆生之外的萬法：

---

❺⓪　《大正藏》卷44，頁476上。

❺①　卷8，《大正藏》卷37，頁828中。《涅槃經》原經文參見同本章註❸⓪，頁
524下。

> （佛）性有二種：一能知性，謂眞識心。此眞識心衆生有之，外法即無。……二所知性，所謂有、無、非有非無等一切法門。此通內外，不唯在內。(52)

「能知性」主要指眞識心，(53)這祇是有生命的個體方有，非沒有生命之物所有。「所知性」是指有、無、非有非無等各種存在性相，而這些性相不僅見於有情，亦見於無情。(54)《大乘義章》〈佛性義〉第三門「明內外」一節又提到「理性」兼通「內」的衆生和「外」的山河大地：

> 言隨相者，衆生爲「內」，山河大地非情物等，以之爲「外」。若當說彼因、果之性，局在衆生，得言是「內」；若說理性，性通「內」「外」。雖復約彼「內」「外」相辨，而體平等，非內非外。(55)

常途講說佛性，每認爲佛性唯是有情衆生方有，非山河大地等非情之物所有，由是乃以衆生爲「內」，以山河大地等非情物爲「外」。以上引文指出要是純從因性和果性層面說佛性，由於唯有衆生才有佛

---

(52) 卷10，《大正藏》卷37，頁884下。

(53) 其實慧遠所謂「能知性」，除了指作爲佛因的眞識心，亦包括作爲佛果的法身佛，與及覺性自體。參見本章第1 節。

(54) 慧遠《大般涅槃經義記》卷8有一節跟上引文相似的話，徑言草木有「所知性」：「凡有心者，皆有眞識覺知性，故定得菩提；外草木等無眞心，故終無得義；此乃宣說『能知之性』。若論所知境界之性，一切皆有，不局有心。」（《大正藏》卷37，頁828中－下）。

(55) 《大正藏》卷44，頁476中。

的因性,才能成就佛的果性,故可說於佛性眾生是「內」,非情之物
是「外」。要是純從理性層面說佛性,「理性」如上文所述,乃是指
覺性自體;而覺性自體是平等一味,其覺照是遍及一切,並無所謂
「內」「外」的界別;如是可說佛性是該通「內」的眾生和「外」的
無情之物。

(四)佛性說的來意

　　《大乘義章》〈佛性義〉最後「就性所以」一門根據經論的說
話,申述佛性學說設立的用意。慧遠首先假設以下的疑問:

> 經多說空,破諸法性,說諸法空,今此何故宣說佛性?❺❻

問題指出佛經每用「空」的教理,斥破自性觀念。現今《涅槃經》等
宣講佛性學說,這怎樣可以跟性空之義會通?慧遠的答覆顯示了和會
「性空」和「佛性」二說之道:

> 然彼清淨法界門中,備一切義。諸法緣起,互相集成;就空論
> 法,無法不空;據性辨法,無法非性。❺❼

這答覆指出萬法爲覺性隨緣所集成;就它們爲依緣而起、互相依賴這
點看,它們是性空;就它們同是以覺性爲存在依據這點看,它們都可
歸入佛性的範圍。可見「性空」和「佛性」,乃是萬法存在的兩面,

---

❺❻　同上註,頁477下。

❺❼　同上註。

並非互相排斥，可以兼言。慧遠繼而表示「性空」和「佛性」兩種說法的設立各有其目的；前者有「破執有眾生」的作用；而在談到後者的設立目的時，論及佛性學說的來意。

慧遠述說佛性學說的來意，一是以《涅槃經》和如來藏系經典《寶性論》的說話爲本。首先他舉出《涅槃經》「爲令眾生不放逸故，宣說佛性」二語，❺❽然後作出鋪述：

> 《涅槃經》云：「爲令眾生不放逸故，宣說佛性。」若不說性，總心自輕，謂己不能成大菩提；無心趣道，多起放逸。故說眾生悉有佛性，定必當成，令捨放逸，隨順趣向。❺❾

慧遠表示如果不演說佛性，眾生或會自輕，以爲自己不能成就正覺；從而無心求道，多起放逸。有鑒於此，佛陀逐謂眾生皆有佛性，定當成佛，令眾生捨去放逸之意，進趣佛道。又《寶性論》解釋提出眾生有眞如佛性這主張的理由，有以下兩偈：

> 以有怯弱心，輕慢諸眾生，
> 執著虛妄法，謗眞如實性，
> 計身有神我。爲令如是等，
> 遠離五種過，故說有佛性。❻⓪

慧遠據此乃謂佛性學說有對治犯以下五種過失的眾生的作用：

---

❺❽　參見北本《涅槃經》卷35〈迦葉菩薩品〉第12，《大正藏》卷12，頁574中。

❺❾　《大正藏》卷44，頁477下。

❻⓪　《究竟一乘寶性論》卷1〈教化品〉第1，《大正藏》卷31，頁816上－中。

(1)怯弱心：怯弱心的衆生以爲自己沒有佛性，不追求成佛。對這些衆生，佛經說佛性爲一切衆生所同有，所有衆生當來必得佛果，以激發他們勇猛求佛之心。

(2)輕慢餘衆生心：對輕慢其他衆生的人，佛經宣說衆生皆有佛性，定當作佛，不可輕賤。

(3)虛妄我執：對多有我執的人，佛經宣說佛性不同妄情所執取的我，叫他們放棄其所執。

(4)虛妄法執：對多有法執的人，佛經宣說佛性不同其所執取的法，叫他們放棄其所取。

(5)誹謗眞如佛性：對誹謗佛性、說佛性爲無常的人，佛經宣說佛性爲常、樂、我、淨，以糾正其錯識。

慧遠還表示佛性爲常、樂、我、淨的說法，也是爲那些怖畏斷滅、樂求眞實的修行人演說，以配合其性好。❻

從以上慧遠對佛性學說來意的說明，可見慧遠特別重視佛性學說在宗教實踐上的督勵效用和在思想上的掃蕩邪見效果。

---

❻ 參見同本章註❺。又參見《大般涅槃經義記》卷9，《大正藏》卷37，頁873上－中。

第六章　淨影慧遠的佛陀思想

　　大乘佛教的根源，正如印順法師所言，要爲「佛弟子對佛的永恒懷念」。❶這懷念深化的結果，是大乘佛教徒再不像小乘佛教徒，以獲得阿羅漢果爲滿足，而要追求成佛；而他們心目中的佛，又不像在原始佛典中所述者，爲有空間、時間、數目等諸方面的限制，而是超越所有制限的理想化的佛。大乘佛經盛言宇宙間有無量數的佛，對成佛的過程、佛所證得的悟境、佛所具有的神通力等，有極細膩刻劃，並界別不同種類和層面的佛。又由於不同大乘佛經所作的刻劃和界別互有出入，遂產生會通的要求；而不同會通者的思想取向有異，其會通方式彼此分殊，遂導至各種佛陀理論的出現。在淨影慧遠時代，中國佛教界便流傳著各種有關佛陀的說法，時人對佛身的類別、佛身是色法或是心法、佛身於眾生是本有或是始有這些問題，持有不同意見。慧遠自眞心思想立場出發，廣參《涅槃經》、《金光明經》、《十地經論》等重要大乘經論相關的言說，對這些問題作出檢討，建構出一套完整的佛陀理論，對中國佛教佛陀思想的發展，作出了貢獻。

　　在慧遠的著作中，《大乘義章》卷十九設〈三佛義〉一科，分七門詳細討論佛陀理論中的各主要問題。其他如《大般涅槃經義記》

---

❶　印順：《初期大乘佛教之起源與開展》（臺北：正聞出版社，1981年），頁11。

和《維摩義記》，又多有論及佛陀的地方，其中不乏富參考價值者。
以下試以這些資料爲根據，闡述慧遠的佛陀觀。

(一)「佛」名釋義

慧遠一再這樣界定「佛」這名稱：

> 「佛」，天竺語，此翻名「覺」。覺有二義：一者覺察、二者
> 覺悟。
> 言「覺察」者，對煩惱障。煩惱侵害事等如賊，唯聖覺知，不
> 爲其害，故名爲「覺」。……
> 言「覺悟」者，對其智障。無明眠寢事等如睡，聖慧一起，朗
> 然大悟，如睡得寤，故名爲「覺」。所對無明，有其二種：
> 一是迷理性結無明，迷覆實性；翻對彼故，覺知自實如來藏
> 性，從本常寂，無爲不動，故名爲「覺」。二事中無知，迷
> 諸法相；翻對彼故，覺知一切善、惡、無記三聚之法，故名
> 爲「覺」。……
> 既能自覺，復能覺他，覺行窮滿，故名爲「佛」。云言自覺，
> 簡異凡夫，導言覺他，簡異二乘；覺行窮滿，別異菩薩；是故
> 獨此得名爲「佛」。❷

---

❷　《維摩義記》卷1本，《大正藏》卷38，頁425中－下。類似界定亦見《無
量壽經義疏》卷上，《大正藏》卷37，頁91下；《觀無量壽經義疏》本，《大
正藏》卷37，頁173中；《大般涅槃經義記》卷1，《大正藏》卷37，頁617上
－中；《大乘義章》卷20〈十號義〉，《大正藏》卷44，頁864下等。

引文首先指出「佛」原來爲天竺語，其語義爲「覺」。引文繼而環繞「覺」一字，作出說明，表示「覺」有兩方面意義：「覺察」和「覺悟」。「覺察」是相對煩惱障而言，而煩惱障是泛指一般煩惱所產生的障礙。❸唯有佛陀能覺察這些障礙，不爲它們侵害，故名爲「覺」。至於「覺悟」，則是相對智障而言，而智障是特指無明所產生的障礙，當中又有「迷理無明」和「事中無知」兩重，前者迷覆衆生的眞實本性，後者迷覆諸法的眞實本相。唯有佛陀能翻倒這兩重無明的障礙，覺悟自身那從本以來恒常冥寂的如來藏性，及覺知一切善、惡、無記法相，故名爲「覺」。最後慧遠標舉佛陀的「覺」的殊勝：佛陀不但能自覺，更且能覺他，這跟二乘人祇能自覺有別；又佛陀覺行圓滿，這跟菩薩覺行還未圓滿有別。綜括以上的釋義，可見在慧遠心目中，佛陀乃是最圓滿的覺的體現；這意味所有煩惱障礙的結束，對所有法的性相的確識，對引領一切衆生達至覺悟的承擔。

(二)佛身分類和三種佛身

達至圓滿的「覺」的佛陀，是存在狀態自然跟一般有情衆生有異；而談到佛的存在狀態，那便牽涉及佛身問題。佛身者，指佛陀證得圓滿大覺所成就的身。對於佛身，不同佛教經論有不同的形容和界別。慧遠在《大乘義章》〈三佛義〉中，根據《金光明經》、《楞伽經》、《涅槃經》、《華嚴經》等，列舉一門、二門、三門、四門、

---

❸　「煩惱障」跟下面提到的「智障」，合稱二障，兩者窮盡所有煩惱。《大乘義章》卷5有〈二障義〉一科，詳述這兩種障。

以至七門、八門、十門等各種佛身分類；❹而當中他最重視，又論析最詳者，要爲見於《十地經論》的法、報、應三身分類；這顯然跟其教學師承地論學統有關。以下試以這三身分類爲綱領，陳述慧遠佛陀觀的大略。

慧遠在論述法、報、應三種佛身時，指出不同的佛教學統對這三種佛身有不同界定：

> 言分相者，此之三佛，義通大小。大小既殊，所說亦異：
> 小乘法中，宣說如來事識爲體。於事識中，戒、定、慧等五品功德，說爲法身；王宮所生相好之形，名爲報身；如來、獼猴、鹿、馬等化，說爲應身。
> 若就大乘破相門中，宣說如來七識爲體。於中宣說破相空理，以爲法佛……；七識緣智照空之解，說爲報佛……；丈六等化，名爲應佛。……
> 若據大乘顯實門中，宣說如來眞識爲體。……三佛皆用眞識爲體。眞識之心，本隱今顯，說爲法身；即此眞心，爲緣熏發，諸功德生，說爲報佛……；如來藏中眞實緣起法門之力，起種種化，說爲應佛。❺

本書第三章闡述慧遠的判教思想，談及慧遠大判佛教教說爲立性、破性、破相、顯實四宗，前二者爲小乘，後二者爲大乘。以上引文分述了小乘兩宗、大乘破相宗、大乘顯實宗這三門主要佛教義理傳統所理

---

❹　參見《大正藏》卷44，頁838下－842中。

❺　《大乘義章》卷19〈三佛義〉，《大正藏》卷44，頁839上－中。

解的三種佛身，表示由於它們是分別以事識、第七識、眞識這三種不同的識爲本，去了解三種佛身，由是它們所見的三種佛身，便有所不同。關於事識、第七識和眞識，本書第二章闡述慧遠的心識思想時，曾作出詳細說明。❻大致說，它們代表了三個層面的識：事識爲表層活動的識，包括佛教通途所講的眼識、耳識、鼻識等六種識；第七識爲深層的識，其特性是執取內識爲自我，執取外境爲實有；眞識爲最根本的識，是自性清淨，爲上述兩層面的識的存在根據。如是，說小乘、大乘破相、大乘顯實這三門佛說是分別以事識、第七識、眞識爲本，界別三種佛身，無非是說它們是分別自表象、執相、本淨三個不同層面，分辨三種佛身。根據慧遠，小乘一門自表象層面，以佛所成就的戒、定、慧等五品功德爲法身佛，❼以佛的各種好相爲報身佛，以佛教化衆生時所變化的如來、獼猴、鹿、馬等諸形狀爲應身佛。大乘破相一門自執相層面，以破除執相所顯現的空理爲法身佛，以對空理的解悟爲報身佛，以丈六身相爲應身佛。❽大乘顯實一門自本淨層面，以從隱至顯的眞識爲法身佛，以眞識爲緣熏習所生起的諸功德爲報身佛，以眞識依其自身法門之力所變起的各種化現爲應身佛。而從〈三佛義〉下文對佛三身的說明所見，慧遠要闡發的，要爲大乘顯實一門那以眞識觀念爲核心的三種佛身說。

---

❻　參閱第3節。

❼　「五品功德」亦稱「五分法身」，分別爲戒、定、慧、解脫、解脫知見。《大乘義章》卷20有〈五分法身義〉一科，對五品功德作出詳細析述。

❽　據佛經記載，佛陀在世之時，凡人身高八尺，而佛陀倍之，故爲丈六。

(三)法身佛

本書第五章闡述慧遠的佛性思想，已經配合佛性問題，談及法身佛。現在換過另一角度，純粹約佛身問題自身，重新加以說明。現試再引述《大乘義章》〈三佛義〉對「法身佛」名稱的界定：

> 法身佛者，就體彰名。「法」者，所謂無始法性。此法是其眾生體實，妄想覆纏，於己無用；後息妄想，彼法顯了，便爲佛體，顯法成身，名爲「法身」。如《勝鬘》說：隱如來藏，顯成法身。……❾法身體有覺照之義，名「法身佛」。……法身離相爲空，而體實有。所謂有於過恒沙法，此法皆依眞心說之。眞心體是神知之性，能有覺照，故得名「覺」。是義云何？是心體中，從本已來，具過無量恒沙佛法。……性雖照明，而爲無明闇障所覆，相似不覺；後除闇障，彼心顯了。始顯眞心，如其本性，故得名「佛」。❿

慧遠說：「法身佛者，就體彰名」，可見他以爲「法身佛」是指佛的本體。慧遠解釋佛的本體所以被稱爲「法」，是因爲它是無始以來常存的眞實法性。這眞實法性乃是眾生的眞實自體，不過在眾生，其眞實法性被妄想覆纏，未能顯現。而佛陀既已止息妄想，故其眞實法性得以顯現；故由此而成就的身，便稱爲「法身」。⓫又法身有覺照的

---

❾　參見《勝鬘經》〈法身章〉第8，《大正藏》卷12，頁221中。

❿　《大正藏》卷44，頁837下。

⓫　《大乘義章》卷18〈涅槃義〉說：「顯本法性，以成其身，名爲『法身』。」（同上註，頁820下）

特性，故稱爲「佛」。由是遂有「法身佛」之名。慧遠又指出法身佛
有「空」和「有」兩方面；前者是就其爲遠離一切分別相說，後者是
就其爲眞實存在說。值得注意的地方，是慧遠在其解釋中，引入如來
藏和眞心這兩觀念。慧遠以爲眾生那被妄想覆纏、隱而未現的法性，
即是《勝鬘經》所說的如來藏；又以爲眾生的心體是本來具足過恒河
沙數量的佛法功德，原來是覺；祇是爲無明煩惱所覆蓋，表現爲「不
覺」；當無明煩惱消除，眞心體如其本性顯現，那便是法身佛。

　　綜合以上慧遠對「法身佛」名稱的釋義，可見慧遠所理解的法身
佛，是指佛的本體；而作爲佛的本體，它是最究極的眞實，是無始和
沒有一切形相分殊，⓬又是具足無量功德。⓭這佛的本體是眾生本來
具有，⓮爲眾生的如來藏；當眾生去除無明妄念，它便會如其自身顯

⓬　關於法身佛是無始方面，慧遠一再表示法身是恒常，沒有變動相。例如
　　《大般涅槃經義記》卷2申釋常、樂、我、淨的道理時，便以常理爲表法
　　身，並說：「『常』法身者，法身佛體顯本法成，性出自古，體無變異，
　　明常義顯，故說爲『常』。」（《大正藏》卷37，頁647下）關於法身是沒
　　有形相方面，《大般涅槃經義記》卷3說：「法身無相，難以趣求。」（同
　　上，頁699上）

⓭　《大乘義章》卷18〈涅槃義〉說：「以一切功德法而成身，故名爲『法
　　身』。」（《大正藏》卷44，頁820下）

⓮　《大般涅槃經義記》卷3說：「佛性眞我，名爲我性。此之我
　　性，據佛以論，即是諸佛法身自體。以佛法身共眾生體無二性故。」（《大正
　　藏》卷37，頁697上）又《維摩義記》卷4末說：「眾生之體，從來常淨，
　　無障無染，即是諸佛圓淨法身。」（《大正藏》卷38，頁509中）

現。❺又慧遠把法身跟報身合稱爲「眞身」或「法門身」。以下他對
眞身的形容，亦當適用於法身：

> 自德名「眞」，……「眞」則是其法門之身……。法門身者，
> ……而無一相；雖無一相，而實有之。……又復平等法門之
> 身，形無所在，無所不在。無所在故，菩提無處；以無處故，
> 德滿法界。❻

這引文狀述眞身和法門身，除了像上引文狀述法身一樣，注重顯示佛
的自體（「自德」）爲最終極眞實（「實有」）和沒有所有形相分別
（「無一相」）之外，還強調佛的自體爲「無所不在」，因而是無特
殊處所，遍滿法界全體。❼

在南北朝時代，法身佛是有色還是無色，是色法還是心法，爲備
受關注的問題。❽慧遠一再批評法身無色的看法。他提到當時有人表
示色的特性是質礙，因此佛的眞身（即法身和報身）不能是有色，對之
作出反駁：

---

❺　《大般涅槃經義記》卷1說：「如來藏性是佛法身，苦覆名『藏』。」（《大
正藏》卷37，頁676上）又《大乘義章》卷1〈佛性義〉說：「一如來藏，
染時之體；二法身，淨時之體。即前藏體，顯名法身。」（《大正藏》卷
44，頁474下）

❻　《大乘義章》卷19〈三佛義〉，《大正藏》卷44，頁838下－839上。

❼　《大般涅槃經義記》卷3說：「良以法身無處不在，故敬塔廟，即得名爲敬
佛法身。」（《大正藏》卷37，頁699上）

❽　例如南北朝初年的著名僧人竺道生，著有《法身無色論》，提出法身爲無
色的說法。

有人説言：……設言色者，是應（身）非眞（身）。何故非色？色性質礙，爲是無之。

若色質礙，全佛無者，心是攀緣慮知之法，佛亦應無。佛無緣心，而有無緣覺知之心。色亦應爾，佛無礙色，而有無礙自在之色。⑲

慧遠這反駁指出要是因爲色有質礙性，便謂眞身無色，那麼心攀緣慮知，也應謂眞身無心。今既公認眞身爲有心，由是亦應同意眞身爲有色。又正如眞身的心爲沒有攀緣慮知的心，眞身的色爲沒有質礙的色。又慧遠很反對色是不眞實、因此眞身佛應該是沒有色這講法，以爲眞身佛是具有「眞色」，應身佛的色也便是這眞色所生起：

又若説言色皆是應，都無眞實者，此應並難。眞處亡情，有覺有知，應悉是應。應化之知，從眞知生，眞中立知；應化之色，從眞色起，眞中存色。⑳

至於法身佛是一種色法還是一種心法的問題，慧遠以如來藏眞心觀念爲根據，主張法身佛既有色的一面，也有心的一面，也有非色非心的一面。關於法身佛之色的方面，慧遠有如下説明：

法身色者，如來藏中色性法門，顯成佛體。體雖是色，而無色相。……諸佛證得成就法界諸根相好即法身故。又此法中出生法界無盡色，故名像色法。㉑

---

⑲　《大乘義章》卷18〈涅槃義〉，《大正藏》卷44，頁815中。

⑳　同上註，頁815中－下。

㉑　同上註，頁815中。

說法身有色的一面，是因爲法身爲如來藏的「色性法門」顯現所成就；它雖然沒有形色相，而能出生法界無窮盡的色。佛書所提到佛所成就的法界諸根，便即是法身色。關於如來藏具有色性，爲法身色所本這點，慧遠舉出《如來藏經》和《涅槃經》的話爲證明：

> 法身色者，如來藏中具過恒沙眼、耳等法。故彼《如來藏經》說言：眾生身中有如來眼、耳等，如模中像。㉒……故《涅槃》云：佛性亦色，色者眼見。㉓彼色顯了，說爲諸佛法身之色。㉔

《如來藏經》在狀述眾生所具有的如來藏時，提到如來藏中有如來的眾身相。又「佛性」跟「如來藏」爲同義辭，而《涅槃經》談及佛性，嘗謂佛性是色。凡此，可見如來藏是有色性；而這色性的顯了，便形成法身色。關於法身佛之心的方面，慧遠說：

> 眞識之心，從緣顯了，說爲智慧、三昧行等，是其心法。㉕

說法身有心的方面，是因爲法身爲如來藏眞識依淨法緣，去除無明，得以顯了，從而顯現，表現爲智慧、三昧等心識活動。至於法身佛之非色非心方面，慧遠說：

㉒ 參見《大正藏》卷16，頁459上－中。

㉓ 參見北本《涅槃經》卷28〈師子吼菩薩品〉第11，《大正藏》卷12，頁530中。

㉔ 《大乘義章》卷18〈無上菩提義〉，《大正藏》卷44，頁829上－中。

㉕ 《大乘義章》卷19〈三佛義〉，《大正藏》卷44，頁839中。

真如之空，絕離一切色、心等相，是其非色非心之法。❻

說法身有非色非心方面，是因爲法身跟其所本的如來藏眞識一樣，有空的一面，爲遠離所有世間色、心之相，例如世間色的形體相和質礙相、世間心的攀緣相和慮知相等。

從以上申析可見，慧遠說法身佛有非色非心方面，是要突出法身佛的超越性，顯示它跟世間的色法和心法殊異，並沒有否定它具有色性和心性的意思，故跟他說法身佛有色、心兩面沒有矛盾。還有更當注意的地方，是慧遠說法身佛有色、心、非色非心三方面，均舉出如來藏眞心觀念爲理據。他主張法身有色的方面，具有色性，其所提出的主要理由爲法身是以如來藏眞心爲其所本；而如來藏眞心具有「色性法門」，能變現各種色法，從而法身佛便能生起其他佛身和佛界的無窮盡色相。究其實，慧遠並非果然認爲作爲最究極眞實的法身佛爲一種色法；這點從他一再強調法身佛爲沒有色性存在所必具的質礙相和形體相，❼便可以看出來。

在南北朝時代，相應佛性本有、始有的爭論，佛的三種身是眾生本來所有、還是眾生後天修行始成，亦成爲爭議點。慧遠便提到當時有三種佛身同是本有、法身佛是本有而報應二身佛是本無、三種佛身同是本無這三種說法。慧遠不贊同這些說法，認爲不可定言佛三身爲眾生原來所有或原來所無。在法身佛方面，慧遠有以下解說：

第一、約緣就實分別：約緣論實，實爲緣隱，而後顯時，淨德

❻　同上註。
❼　《大乘義章》卷8〈五陰義〉這樣界定「色」：「質礙名『色』。又復形現，亦名爲『色』。」（《大正藏》卷44，頁621上）

為本，但名「佛性」，不得名「佛」。……就實論實，實外無
緣，無緣覆真，更何所待，而不名佛？……

二、約一人始終分別：據始論之，實爲情隱，在隱未了，不得
名「佛」。至佛返望，從來無情，由來是佛。……

三、約凡佛二人分別：凡佛相異，眞體不殊，莫不皆以如來藏
性佛之爲體。據凡論體，體爲惑隱；而後顯時，淨德爲本，故
但名「性」，不得名「佛」。就佛以望，凡夫之體，由來常
淨，本來是佛。……㉘

這引文多次提到「實」、「體」，又提到「緣」、「情」、「惑」，
前二者當同是指衆生的眞實如來藏心體，後二者當同是指迷覆衆生眞
實如來藏心體的妄緣。引文分「緣實分別」、「始終分別」、「凡佛
分別」三方面，申言不可定然說衆生有法身佛或無法身佛：

⑴緣實分別：自「緣」的角度觀察，妄緣隱蔽衆生的如來藏眞實自
  體，叫它的本有淨德不能顯了，故祇可以說衆生有佛性，不可以說
  衆生有法身佛。自「實」的角度觀察，衆生的如來藏眞實自體是究
  極的眞實，而妄緣則是不眞實，從來未能覆蓋如來藏眞實自體本具
  的淨德，故可以說衆生本來有法身佛。

⑵始終分別：自修行發「始」的階段觀察，在這階段，修行人的如
  來藏眞實自體還是被妄緣所覆蔽，隱而未現，故不可以說他有法身
  佛。自修行「終」結的階段觀察，那時修行人已經成佛，返望先前
  未成佛時那些覆蔽其如來藏眞實自體的妄緣，覺察它們原來並非眞

㉘　《大乘義章》卷19〈三佛義〉，《大正藏》卷44，頁843上－中。

實存在，自己原來是佛，故可以說本來有法身佛。

(3)凡佛分別：「凡」夫和「佛」陀雖然有別，但在具有如來藏眞實自
　體這點，則是沒有分殊。在「凡」夫的層面，如來藏眞實自體爲妄
　緣所覆隱，其本有淨德未顯現，因此祇可以說凡夫有佛性，不得說
　凡夫有法身佛。在「佛」陀的層面，佛陀所見的凡夫的如來藏眞實
　自體，自始至終是恒常清淨，跟佛的如來藏眞實自體完全相同。由
　此，可以說凡夫本來有法身佛。

(四)報身佛

　　本書第五章闡述慧遠的佛性思想，在申釋法佛性、報佛性這兩種
佛性時，已經談及報身佛。爲了本章論述的完整，現再引述《大乘義
章》〈三佛義〉釋說「報身佛」名義一節話，重新作出說明：

> 報身佛者，酬因爲報，有作行德，本無今有，方便修生。修
> 生之德，酬因名「報」；報德之體，名之爲「身」；又德聚
> 積，亦名爲「身」；報身覺照，名之爲「佛」。……（報佛與
> 前法佛）體一，隨義以分。眞心之體，本隱今顯，說爲法佛；
> 此眞心體，爲緣熏發，諸功德生，方名「報佛」。……無報
> （佛）法（佛）則不顯，但使顯法（佛），必有報（佛）生，故
> 立報佛。又復法佛心性照明，爲非事用，故須報佛。㉙

慧遠說：「報身佛者，酬因爲報」，又說：「修生之德，酬因名

㉙　同上註，頁838上。

報」，可見依慧遠的理解，報身佛爲酬報佛陀在成佛之前、仍是處於因位時所修作的德行，從而形成。亦因爲這原因，它有「報」之名。又報身佛是無量功德的聚合，故稱爲「身」；是具有覺照的作用，故稱爲「佛」。又慧遠謂報身佛是「本無今有，方便修生」，可見報身佛是後天修成，跟法身佛爲自始常存不同。不過慧遠又以爲報身佛跟法身佛爲一體；而講到這裡，他又提到眞心，指出眞心的顯現，便是所謂法身；而眞心在顯現時，爲昔日所作善緣熏發，呈現出各種功德相，那便是所謂報身佛。慧遠更進而表示要是沒有報身佛，法身佛的存在便不能顯明，亦將沒有佛的事用，因此報身佛的存在是必需的。

以上解說提到報身佛有各種功德相，爲酬報昔日所造善因而形成。慧遠在論述報身佛的色性一面時，對這些功德相和其成因，有詳細分析。首先他說：

> 相好之身，是其色法。彼相如何？分別有三。……何故有此三異？由因別故。因別如何？修有三種。❸

慧遠認爲報身佛跟法身佛一樣，有色性一面，這即是各種好相；而約後文，其所謂好相，要爲傳統佛教所講佛陀色身的三十二相、八十種好等，亦即佛陀在六根、音聲、光明等諸方面的殊勝地方。慧遠又指出這些好相有三個層面的分別，這是由於其所酬報的修行善因有三種不同。所謂三個層面的好相，分別爲「依法說」的好相，「約報辨」的好相和「隨應說」的好相，慧遠申述之如下：

> 彼相（好）如何？分別有三：

---

❸ 同上註，頁839下－840上。

一、依法説：如來報身諸根相好、光明、音聲，與彼平等法
門身同妙寂離相，虛融無礙。……如《涅槃》説：月愛光明，
是光無限，非冷非熱，非青非黃，非赤非白，無有邊際。其
光既然，諸根相好及佛音聲，一切同爾。此色微妙。唯佛獨
見。……

二、約報辨：如《花嚴》説：於佛應身一一相處，各有無量百
千相海，名字不同，作用各異。雖有是相，而不可見，……此
之相好，地上菩薩漸能見之。

三、隨應説：應化所現諸根相好、光明、音聲，體即是報。以
從過去淨業生故，此即是佛福德莊嚴。故《涅槃》云：福莊嚴
者，有爲、有漏、有礙、非常，是凡人法。……此報麁相，地
前亦見。❸

慧遠又分述相應這三個層面的好相之「依實修」、「捨相修」、「隨
事修」三種行因：

因別如何？修有三種：

一、隨事修：得第三報。良以修時隨有可見，是故得報隨有可
見。又本修時，隨有益物。

二、捨相修：破有入空，得第二報。良以修時所有諸行，依空
以成，無相可見；得報還爾，無相可見。又復修時依空成德，
廣多無盡；得報還爾，廣多無盡。

三、依實修：息妄契眞，得第一報。良以修時無念無緣，得報

---

❸　同上註。

還爾，無相離緣。又復修時行合法界，虛融無礙，得報還爾，
身滿法界，虛融無礙。又復修時常而不動，得報還爾，常而不
動。 **㉜**

綜合以上兩節引文所述，報身佛色性方面的好相有：

(1)酬報「依實修」而形成的「依法說」層面的好相：「依實修」是指
以止息妄緣、契證如來藏真實自體為主旨的修行法門。這修行法門
的特色，是它時常不動、遠離動念和攀緣，跟虛融無礙的法界冥
合；由是以它為因而形成的「依法說」層面的好相，亦具備相同的
特性。《涅槃經》所描述佛陀在入月光三昧後所放的大光明，為無
限、無邊際、無冷熱和顏色的分殊，**㉝**便即是這層面的光明相。至
於這層面的六根、音聲等其他方面好相的情形，可類推而知。又由
於這層面的好相是這樣微妙，故祇有佛陀才能觀見。

(2)酬報「捨相報」而形成的「約報辨」層面的好相：「捨相修」是指
以捨離有相、證入空理為主旨的修行法門。這修行法門的特色，是
其一切所作，均是以空理為本歸；而空是無相可見，廣大無窮盡；
由是以它為因而形成的「約報辨」層面的好相，亦具備相同的特
色。《華嚴經·如來相海品》所描述的諸佛相，於一一佛相處，各
有無量百千佛相，名字不同，作用各異，便即是這層面的好相。又
這層面的好相，是進入十地階位的菩薩才能漸漸觀見。

(3)酬報「隨事修」而形成的「隨應說」層面的好相：「隨事修」是指

㉜ 同上註，頁840上。

㉝ 參見北本《涅槃經》卷20〈梵行品〉第8，《大正藏》卷12，頁481上。

事相層面的修行法門。這修行法門有事相可見；由是以它爲因而形成的「隨應說」層面的好相，亦具備相同的特性。《涅槃經》所提到的「福德莊嚴」，爲有爲、有漏、有質礙、非恒常，❸❹便即是這層面的好相。又由於這層面的好相是粗顯，故就算未進入十地階位的修行人，也能覩見它們。

　　跟論述法身佛時一樣，慧遠在說明報身佛的色的一面後，繼而表示報色佛亦有心的一面和非色非心的一面：

> 智慧、三昧、解脫行等，是其心法。數滅涅槃，是其非色非心之法。❸❺

說報身佛有心的方面，理由是報身佛有智慧、三昧、解脫等心識作用；說報身佛有非色非心方面，理由是報身佛證得數滅涅槃，而數滅涅槃爲非色非心。❸❻

　　還有，慧遠認爲報身佛也是跟法身佛一樣，不可說爲眾生定然所有，或爲眾生定然所無：

> 報、應兩佛有無不定；眞義體上，從本已來，有可從緣出生之

---

❸❹　參見北本《涅槃經》卷27〈師子吼菩薩品〉第11，同上註，頁523上。

❸❺　《大乘義章》卷19〈三佛義〉，《大正藏》卷44，頁840上。

❸❻　慧遠在《大乘義章》卷18〈涅槃義〉表示涅槃爲數滅無爲法，因此是非色非心。（《大正藏》卷44，頁816上）關於數滅無爲，《大乘義章》卷2〈三無爲義〉一科有詳細說明。根據那裡所述，數滅無爲乃是三種無爲法之一；而無爲法跟色、心這些有爲法有別，沒有生、住、異、滅等相，故是非色非心。

義，名之爲有。……即未有體，說之爲無。❸

眾生本來具有的如來藏眞實自體，在受到善緣熏發情況下，會生起報身佛；就這方面看，可以說眾生有報身佛。但報身佛既是爲善緣熏發所生，其自體也便是原來不存在；就這方面，又可以說眾生無報身佛。

(五)應身佛

關於三種佛身中的應身佛，慧遠這樣界定其名稱：

> 應身佛者，感化爲因。感化之中，從喻名之。是義云何？如似世間有人呼喚，則有響應；此亦如是，眾生機感，義如呼喚，如來示化，事同響應；故名爲「應」。應德之體，名之爲「身」；又此應德聚積，名「身」。應身應覺照，目之爲佛。❸

慧遠說：「應身佛者，感化爲因」，可見他認爲應身佛是因應感化眾生的需要，從而示現。這些示現爲受眾生向善之機所感，由是而有的回應，故名爲「應」；爲眾多應化功德的聚合，故名爲「身」；爲具有覺照的作用，故名爲「佛」。

慧遠又稱應身佛爲「共世間身」，而對共世間身，他有這樣形容：

---

❸　《大乘義章》卷19〈三佛義〉，《大正藏》卷44，頁843中。

❸　同上註，頁838上－中。

應（身）則是其共世間身。……共世身者，隨化所現，同世色
像，或時似天，或復似人。如是一切，雖現眾相，而無一實；
雖無一實，無所不爲。……共世身者，形有所在。以所在故，
化別彼此，諸根相好各有分限。❸

就以上對共世間身之狀述，可見應身佛作爲佛陀因應感化眾生的需要
而示現的身，有跟世間有情相同的形色相，例如天相、人相等。這些
形色相是有所在處所，有彼此分別，其六根是各有分限而且是不眞
實。雖然如此，它們卻是能無所不爲。慧遠又進一步把應身細分爲應
身和化身兩種身，對它們作出兩種不同解釋；當中以以下根據《金光
明經》所作的解釋，在他的著作中較常出現：

（法、報兩佛）隨化眾生，示現佛身，相好具足，威光殊勝，
悉名應身。……佛隨眾生，現種種形，或人或天，或龍或
鬼，如是一切，同世色像，不爲佛形，名爲化身。❹

依以上解釋，佛在教化眾生時，有時以佛的形相出現，威儀具足，光
芒殊勝，這是應身；有時以世間眾生形相出現，如天的形相、人的形
相，以至龍的形相、鬼的形相，這些是化身。慧遠又根據《金光明
經》，分述應身和化身在「起因」、「治障」、「所淨」和「隨化」
這四方面的分別。在「起因」分別方面，慧遠說：

如彼經說：如來昔在修行地中，願爲眾生修種種行。彼行滿

❸　同上註，頁838下－839上。
❹　同上註，頁840下。

足，得至究竟自在之地，能隨眾生多種，辨了現種種形，故立化身。彼經復說：佛昔在因，願為眾生演說真諦，通達生死涅槃一味，趣求佛身，又為眾生怖畏如來無邊佛法，求佛一種相好之形，而利益之。彼行滿足，能為眾生示現佛身，演說真諦，而度脫之，故立應身。❹

佛陀在未成佛時，許願為眾生修習種種清淨行；又許願為眾生演說最究竟真理，叫他們領悟生死與涅槃為齊同，敬畏無邊佛法，和追求佛相好之身。佛陀在成佛後，以第一種願和其相應的行為為「因」，能相應其所教化眾生的種類，變現不同形相之身，此即化身；又以第二種願和其相應的行為為「因」，能為眾生示現具足佛相之身，演說最究竟真理，此即應身。在「治障」分別方面，慧遠說：

所謂諸業依煩惱起。以此罪業，障佛如來相好之果，斷除彼故，得佛應身。……謂依前業，成就苦報。以此苦報定礙之形，障佛如來無障礙化，斷除彼故，得佛化身。❹

這裡提及兩種「障」：一種由罪業產生，能障礙佛的好相；一種由苦報產生，能障礙佛的化用。而應身和化身，乃分別為由斷除前者和由斷除後者而獲得的佛身。至於「所淨」分別方面，慧遠說：

如如智慧極清淨故，攝受應身；依真起用，故說智淨攝受應

---

❹　同上註，頁840下－841上。這裡所引用《金光明經》的章節，參見《合部金光明經》卷1〈三身分別品〉第3，《大正藏》卷16，頁362下－363上。
❹　同上註，頁841上。

身。以三昧門極清淨故，攝受化身；依定起用，故三昧淨攝受
化身。❹

這裡提及兩種「淨」：由如來藏眞心所起的智慧清淨、與及三昧清
淨。而應身和化身，乃分別爲前者和後者所攝受。關於「隨化」分
別，慧遠說：

> 如彼經說：佛隨眾生多種意，故示現化身，此爲凡夫。佛隨弟
> 子一種意，故示現應身，此爲聲聞。聲聞弟子同求見佛，名爲
> 一意。佛隨此意，唯現佛身，說之爲應。❹

這裡提及兩種教「化」對象：凡夫和聲聞。凡夫的意趣各各不同；而
佛陀「隨」順其意向，示現多種身，此即化身。聲聞的意趣同一，皆
追求見佛；佛陀「隨」順其意，故示現一種佛身，此即應身。

又根據慧遠，應身佛跟法、報二身佛一樣，同時具有色、心、非
色非心三方面：

> 應佛體中亦具三義：所觀色形，是其色法；應化修成智慧行
> 等，是其心法；五陰所成假名行人，名非色心。❹

說應身佛有色的方面，是因爲它有物質性的形相；說應身佛有心的
方面，是因爲它有修成智慧等精神性行爲；說應身佛有非色非心方

---

❹　同上註，頁841上－中。

❹　同上註，頁841中。這裡所引用佛經的話，參見《合部金光明經》，同本章
　　註❹，頁363中－下。

❹　同上註，頁840上。

面,是因爲它爲五蘊和合而成的假名存在,而假名存在原來是不眞實,說是色、是心皆不可以。應身佛還有另一跟法、報二身佛相似之處,就是它不可以說爲衆生定然所有,或爲衆生定然所無。本章註❸所出一節話,亦是有關應身佛的。考這節話的意思,衆生所具有的如來藏眞實自體,在回應世間人的需要這外緣時,會生起應身佛;就這方面看,可以說衆生有應身佛。但應身佛既然是爲外緣所引發,也便是原來不存在;就這方面看,又可以說衆生無應身佛。

第七章　淨影慧遠的淨土思想和彌陀淨土觀

　　佛弟子對佛陀懷念的結果，除了導至佛陀的理想化，也導至佛陀所處世界的理想化。根據大乘佛教，宇宙間無量數的佛，各有他們所居的國土，大部分這些國土都是具足無量數的清淨功德相；由是中國佛教徒便往往稱之爲「淨土」。又在這些無量數淨土中，在中國最普遍受到注意者，首推阿彌陀佛的西方極樂淨土；對這淨土的性質、其所屬的類別、往生其中的行因等，不同教學傳統有不同說法；還出現以往生阿彌陀佛之極樂淨土爲旨趣的學派，名爲淨土宗。淨影慧遠亦重視淨土問題，其《大乘義章》卷十九有〈淨土義〉一科，分六門作出析論。又大乘佛經中以阿彌陀及其淨土爲主題者，在中國最流行的要爲《無量壽經》（簡稱《大經》）、《小阿彌陀經》（簡稱《小經》）和《觀無量壽經》（簡稱《觀經》），它們被合稱爲「淨土三部經」，爲中國淨土宗的最基本教典。淨影寺慧遠雖然非淨土宗人，但對這些以阿彌陀佛信仰爲主題的經典表現出濃厚興趣，其所作的《無量壽經義疏》和《觀無量壽經義疏》，爲現存最早的《大經》和《觀經》註釋書，對日後這兩種經的各家註解，有重大啓導性作用；❶而其所表

---

❶　根據當代學者的研究，慧遠爲可知最早把《大阿彌陀經》稱爲《大經》的人，其所作的《觀無量壽經義疏》的組織、用語和釋義，對日後各家《觀

達關於阿彌陀佛信仰的意見，跟淨土宗徒所言者有同的地方，也有異的地方，亦饒富趣味。本章主要以上述慧遠三種著作爲根據，分兩部分，先後探討慧遠的淨土思想和彌陀淨土觀。

(一)淨影慧遠的淨土思想

1.「淨土」釋名

　　《大乘義章》〈淨土義〉開章設「釋名」一門，對「淨土」一辭作出如下界定：

> 言「淨土」者，經中或時名佛刹，或稱佛界，或云佛國，或云佛土，或復説爲淨刹、淨界、淨國、淨土。「刹」者，是其天竺人語，此方無翻，蓋乃處處之別名也，約佛辨處，故云「佛刹」。「佛世界」者，「世」謂世間、國土、境界，盛眾生處名器世間；「界」是界別，佛所居處異於餘人，故名界別；又佛隨化，住處各異，亦名界別。約佛辨界，名「佛世界」。言「佛國」者，攝人之所，目之爲「國」；約佛辨國，故名「佛國」。言「佛土」者，安身之處，號之爲「土」；約佛辨土，名爲「佛土」。……此無雜穢，故悉名「淨」。❷

經》註釋，有重要啓導作用。參閱Kenneth K. Tanaka, *The Dawn of Chinese Pure Land Buddhist Doctrine*（Albany: State University of New York Press, 1990），part 1, chaps. 4–6。

❷　《大正藏》卷44，頁834上。

這裡首先指出「淨土」在佛經裡乃是「佛刹」、「佛界」、「佛國」、「佛土」等辭的異稱，繼而逐一解釋這些辭的涵義：「刹」的意思是「處處」，故「佛刹」一辭是表諸佛的居處。又諸佛的居處跟眾生的居處有所界別，並且是隨著教化對象的不同而相異，故亦名「佛界」。又諸佛界各有其統攝的眾生，就像世間的王國各有其統攝的人民，故亦名「佛國」。又諸佛國乃是眾生安身之處所，就像土地承載萬物，故亦名「佛土」。還有這些名爲「佛刹」、「佛界」、「佛國」、「佛土」之佛的處所，是完全沒有雜穢，故又有「淨刹」、「淨界」、「淨國」、「淨土」的稱號。❸

　　以上慧遠對「淨土」一辭所作的釋義，跟現代學者探究「淨土」一辭原義所得的結論，頗爲吻合。現代學者對比漢譯和梵文經本，發現「淨土」一辭並無固定相應的梵語字。漢譯本作「淨土」的地方，或不見於梵文本，爲譯者所附加；或有作kṣetra、buddhakṣetra，而kṣetra的意思便是土地、國家、界域、處所。❹

---

❸　慧遠《維摩義記》卷1本解說「佛國」一辭，謂｜國｜亦即是「處」，於佛經中亦名「土」和「界」。又《維摩義記》對「國」、「土」、「界」諸名的釋義，跟《大乘義章》的大致相同。參見《大正藏》卷38，頁422中。

❹　有關「淨土」一辭的本源和意義的分析，參閱平川彰：〈淨土思想の成立〉，收入氏著：《平川彰著作集（第7卷）：淨土思想と大乘戒》（東京：春秋社，1990年），頁13－18；田村芳朗：〈三種の淨土觀〉，收入日本佛教學會（編）：《佛教における淨土思想》（京都：平樂寺書店，1977年），頁17－22；藤田宏達：《原始淨土思想の研究》（東京：岩波書店，1970年），頁507－511。

2.淨土分類

《大乘義章》〈淨土義〉第二「辨相」門，對淨土作出分類，大別之爲事淨土、相淨土、眞淨土三種。關於事淨土，有如下總述：

> 言「事淨」者，是凡夫人所居土也。凡夫以其有漏淨業，得淨境界，眾寶莊嚴飾，事相嚴麗，名爲「事淨」。然此事淨，修因之時，情有局別；受報之時，土有分限，疆畔各異。又此修時，取相執定；受報之時，國土莊嚴諸相各定。❺

事淨土爲凡夫所居的淨土，是修有漏淨業所感得。❻這些土以寶物爲莊飾，事相莊嚴華麗，故稱「事淨」。又凡夫修有漏淨業，作爲感得事淨土之因時，對其所感得的淨土的形相，情尙彼此不同，求取互有分別，由是其所感得的淨土，是有分限、方域和固定相狀。《大乘義章》進一步界別出兩種事淨土：

> 事淨有二：一是凡夫求有淨業所得之土，如上諸天所居等。是由從求有善業得，故受用之時，還生三有煩惱結業，不生出道。……二是凡夫求出善根所得淨土，如安樂國、眾香界等。由從出世善業得，故受用之時，能生出道。❼

---

❺　《大正藏》卷44，頁834上－中。

❻　「淨業」即清淨的行業。佛家把淨業分作「有漏」和「無漏」兩種；前者爲未離煩惱，會招致人、天等有漏果報；後者爲沒有煩惱，具有出離生死界的作用。

❼　《大正藏》卷44，頁834中。

第一種事淨土是凡夫求轉生於輪迴界的善趣，通過修清淨業而感得，例如諸天的居處。❽生於這種事淨土的有情，仍然未能去除對輪迴存有的渴求，會造煩惱業，未證得出世之道。第二種事淨土是凡夫求出離輪迴界，通過培養出世善根而感得，例如阿彌陀佛的安樂國土、香積佛的眾香國土等。❾由於這種事淨土是從造出世善業所感得，故生於這種事淨土的有情，不會還生輪迴界，得證出世之道。

　　關於相淨土，《大乘義章》總述如下：

> 言「相淨」者，聲聞、緣覺及諸菩薩所居土也。……是此諸賢聖修習緣觀對治無漏所得境界，妙相莊嚴，離垢清淨。……相中離垢，故名「相淨」。然此相淨，修因之時，情無局別；受報之時，土無方限。又此修時，心無定執；所得境界，隨心迴轉，猶如幻化，無有定方。❿

相淨土為聲聞、緣覺、菩薩所居的淨土，是觀察緣起道理，修習對治煩惱的無漏行，從而感得。這些土妙相莊嚴，沒有垢穢，故稱「相淨」。又聲聞、緣覺、菩薩修無漏行，作為感得相淨土之因時，沒有情尚和定執，由是其所感得的淨土，是沒有分限、方域和固定相狀。《大乘義章》又界別聲聞、緣覺所感得的和菩薩所感得的相淨土：

---

❽　「天」為輪迴界之六趣中最勝妙者，相當於通俗所謂天神。

❾　有關阿彌陀佛的安樂國土，參見本章第二部分的討論。有關香積佛的眾香國土，參見《維摩經》的〈香積佛品〉。

❿　《大正藏》卷44，頁834下。

一是聲聞、緣覺之人自利善根所得之土，虛寂無形……。由從自行善根生，故受用之時，但生自行厭離善根，不能自然起慈悲願利他之行。……二諸菩薩化他善根所得之土，不捨眾生，隨物受之，如維摩室。由從化他善根生，故受用之時，自然能起利他善行。**⓫**

聲聞、緣覺修行是爲了自利，故其所感得的相淨土是虛寂的、沒有形相的；居於那裡的賢聖，是不能自然發起慈悲願，作利益他人的行爲。菩薩修行則是爲了利他，故其所感得的相淨土，會隨著其所接應的眾生的需要，顯現不同形色相，例如維摩的居室；**⓬**而居於那裡的賢聖，能自然起作利益他人的善行。

關於眞淨土，《大乘義章》總述如下：

言「眞淨」者，初地以上，乃至諸佛所在土也。諸佛、菩薩實證善根所得之土，實性緣起，妙淨離染，常不變故，故曰「眞淨」。然此眞淨，因無緣念，土無相狀。……又此眞土因無定執，土無定所；因無分別，土無彼此、自他之異。**⓭**

眞淨土是初地以上的菩薩、**⓮**以至佛所居的淨土，爲由證悟究極眞實

⓫ 同上註。

⓬ 維摩爲《維摩經》的主人翁。據《維摩經》所記，維摩爲毘耶離城的長者。他雖在塵俗，然而精通所有佛說，非佛陀之出家弟子所能及。維摩有大神通力，能叫其狹小居室，容納三萬二千高廣師子座，無所妨礙。參見《維摩經》〈不思議品〉。

⓭ 《大正藏》卷44，頁835上。

⓮ 「初地」者，指《十地經》所記述菩薩修行所經歷的十個階段中的第一個階段，名爲「歡喜地」。

所感得。由於這些土是眞實法性隨緣所起，爲妙淨離染，常恒不變，故稱「眞淨」。又初地以上的賢聖無緣念，無定執，無分別念，由是其所感得的淨土是沒有相狀、定所和彼此分別。《大乘義章》進而約妄和淨的分別，界別出「離妄」和「純淨」兩種眞淨土：

> 一「離妄眞」：謂諸菩薩所成眞行，爲妄所離；所得眞土，還與妄合，如空在霧。於此門中，土隨位別，階降不等。隨諸地位分分漸增，妄土漸減，眞土漸現，如霧漸消，虛空轉現。二「純淨眞」：謂佛如來所在之土，純眞無雜，如淨虛空。土雖清淨，應與染合。**⑮**

第一種「離妄」眞土是初地以上、至修成佛果之前的菩薩所居的淨土。這些土離開虛妄，但又未完全斷絕虛妄，就如空中瀰漫著雲霧。而隨著菩薩修行階位昇進，其所居的土的虛妄性漸漸減退，就像雲霧漸漸消失，晴空漸漸顯現。第二種「純淨」眞土是佛陀所居的淨土。這土完全無雜染，就如晴淨的天空。又佛陀所居的淨土雖然是完全清淨，但在佛陀應物時，它亦會跟妄染結合，這便牽涉及下文所述的眞佛土和應佛土的分別的問題。

3.佛土分類

以上分述的事、相、眞三類淨土，唯眞淨中的純淨土是佛所居的土，符合《大乘義章》自身所提出「淨土」即是佛土的定義；因此嚴

---

⑮ 《大正藏》卷44，頁835上。

格來說，唯這種土方是淨土。而《大乘義章》〈淨土義〉之「辨相門」所提出的其他淨土分類，便大都是有關佛所居的土的。例如以下的「眞土」和「應土」二門分類便是：

> （佛）自所詫，名之爲「眞」；隨他異現，說以爲「應」。其眞土者，即是平等法門之土，妙寂離相，圓備眾義，形無定所，無處不在。……雖無別狀，不得言無土；雖妙寂，而是緣起作用之性，萬物依生。……其應土者，隨情異現，示有局別，染淨軀分形殊，善惡諸相莊嚴事別各異。**⓰**

「眞土」是佛自身所居的土。這土是「平等法門」，絕對冥寂，沒有形相和固定處所；又是備足所有眞義，無處不在，並且會隨緣起用，爲萬物之所依。「應土」是佛在應會有情時所示現的的土。這些土有界限，有染淨區分，有善惡諸相；總之，是有形質、事相的分殊。

此外，《大乘義章》繼出的「法性」、「實報」、「圓應」三種土，也全部是佛土：

> 法性土者，土之本性，諸義同體，虛融無礙，猶如帝網；亦如虛空，無礙不動，無所有等。……實報土者，菩薩顯前法性土時，曠修法界無盡行業。以此淨業勯發之力，於彼無邊淨法界處；無量殊異莊嚴事起，名「實報土」。……圓應土者，前二眞土，猶如淨珠，能隨眾生，種種異現，用無缺少，名「圓應土」。**⓱**

⓰ 同上註，頁835中。

⓱ 同上註，頁835中－下。

「法性土」爲佛土的本性，是具足一切眞義；而這些眞義是同一體性，相融無礙，就像帝釋天之寶網上的明珠互相映照。法性土又是沒有質礙，沒有變動，以無爲性，就如空間一樣。「實報土」是菩薩在成佛、證得法性土時，由於其曠劫所修清淨行業所熏發的力量，叫無量不同的莊嚴事相現起，由是而形成。「圓應土」是前兩種佛土隨著其所接應眾生品類的不同，而有的各種不同示現；就像寶珠隨著其所接觸的事物的不同，而映現不同顏色。

4. 佛土的因

《大乘義章》〈淨土義〉第二「辨相」門舉出「事、相、淨」三門系統，爲淨土分類的總綱。但正如上文指出，這系統收入聲聞、緣覺、菩薩所居的土，跟《大乘義章》自身所提出的「淨土」爲佛所居的土的定義，其實不大相應。由是《大乘義章·淨土義》餘下部分的討論，並沒有採用這分類，而每環繞「法性、實報、圓應」這三門佛土系統述義，是不難理解的。例如其第三「明因」門，便是如此。這門敘述淨土的成因，首先分「分相」和「總相」兩方面，辨別法性和實報這兩種佛土的因：

> 分相論之，無始法性是法土因，諸度等行是報土因。攝相言
> 之，二土並用無始法性、諸度爲因。**⑱**

這裡提到「諸度」和「法性」。所謂「諸度」，當是指六度，亦即布

---

⑱　同上註，頁836上。

施、持戒、忍辱、精進、禪定、智慧這六種菩薩修行法門。所謂「法性」，根據《大乘義章》〈如法性實際義〉一科所明，是指「法之體性」；❶❾這體性是常住不變，本來清淨，祇是跟煩惱結合才有不淨，當煩惱去除，其原來清淨性便顯現。❷⓿上引文指出若各自「分」開來說，當謂法性土以法性為因，實報土以諸度為因；若「總」合而論，當謂法性土和實報土同以法性和諸度為因。又於「總」合方面，《大乘義章》援用「緣因」和「正因」一對觀念，分「別相」和「通相」兩重，作出進一步說明：

> 於中義分，有緣有正。緣、正相對，曲有兩門：
> 一、別相說：法性之土，無始法性以為正因、諸度等行以為緣因。實報之土，諸度等行以為正因，以親生故；法性為緣。
> 二、通相說：二土並用無始法性以為正因。雖俱法性以為正因，而別名因。法土之因，本有法體，與後顯時體無增減，隱顯為異。報土因者，本無法體，但於向前法土因上，從本已來，有其緣起可生之義，遇緣便生；……非先有法以在其中。二、土齊用諸度業行以為緣因。雖俱諸度以為緣因，於中細分，其義亦異。異相如何？諸度等行，有能生義，說之以為報土之緣。……諸度等行，有能了義，說之以為法性土之緣。❷❶

---

❶❾ 參見同上註，頁487中。

❷⓿ 參見同上註，頁488中。

❷❶ 同上註，頁836上－中。

引文所提到的「正因」和「緣因」，分別指直接因和助成因。引文指出若分「別」而論，當謂法性土以法性爲正因，以諸度爲緣因；實報土以諸度爲正因，以法性爲緣因；若「通」同而論，當謂這兩種土同以法性爲正因，同以諸度爲緣因。引文進而解釋謂法性爲法性土的正因，謂諸度爲法性土的緣因，其根據跟謂法性爲實報土的正因，謂諸度爲實報土的緣因，並不一樣；謂法性爲法性土的正因，是因爲它本來具有法性土的體性；謂諸度爲法性土的緣因，是因爲它們有叫這本來存有的體性顯現的作用，就如燈照了原來存在的東西。至於謂法性爲實報土的正因，則並非因爲法性原來具有實報土的體性；而是因爲當法性遇上諸度等緣時，可以生起實報土。而諸度既然是實報土得以生起的緣，故謂它們是緣因。

至於圓應土的因，《大乘義章》有如下的話：

> 應土之因，有無不定。攝用從體，更無別因。譬如世人因形有影，影無別物；業見土異，非我爲故。分用異體，亦説有因，以是果故。❷

這裡指出圓應土的因是「有無不定」，既可說是無，也可說是有。說圓應土是無因，是因爲圓應土乃是法性土、實報土在對應眾生時所有的示現，離開這兩種土的本體，便無示現的作用；非有獨立存在於法性土和實報土之外的圓應土，以別一種法爲本因。說圓應土是有因，是因爲圓應土畢竟是一種果，有其異於法性土和實報土的特性，這不能沒有原因。又於有因方面，《大乘義章》進而分辨出「同類」和

---

❷　同上註，頁836中。

「異類」兩種因：

> 因有二種：
>
> 一、同類因：還以應行，而爲應因。諸佛如來得土已久，現修諸行，莊嚴佛國。如彌陀佛國現修四十八弘誓願及諸所行，莊嚴西方世界，如是等也。
>
> 二、異類因：實行眞法，爲應土因。然就應中，義別有二：一是法應：淨土三昧法門力故，現種種刹。二是報應：以本大悲願力因緣，現種種土。㉓

「同類因」指諸佛相應各種圓應土所作的各種「應行」，引文舉出阿彌陀佛爲了莊嚴西方安樂國土所修的四十八弘誓及諸善行爲其例子。㉔「異類因」指各種「眞法行」，當中又可分爲「法應」和「報應」兩類。顧名思義，前者是促使法性土示現爲圓應土的因，後者是促使實報土示現爲圓應土的因。慧遠舉出淨土三昧所產生的力量，爲前者之例子；舉出大慈悲願所產生的力量，爲後者之例子。

　　通觀以上《大乘義章》所舉出的各種佛土之因，以法性最爲重要：它具足法性土的體性，又遇緣而生起實報土；而圓應土作爲法性土、實報土的示現，溯本歸源也當是依於法性而有。上文已經指出《大乘義章》所謂「法性」，是指作爲所有存在的根本的那常住的、清淨的實性。值得一提的是《大乘義章》認爲法性乃是衆生的實體，並把它等同於《勝鬘經》所說那爲衆生所本有的如來藏：

㉓　同上註。

㉔　有關阿彌陀佛的弘願，參閱本章第二部分。

「法」者所謂無始法性。此法是其眾生體實，妄想覆纏，於
己無用；後息妄想，彼法顯了，便爲佛體。……如《勝鬘》
說：「隱如來藏，顯成法身。」㉕

如是看，修行者在成佛時所感得的佛土，跟所感得的佛身一樣，是以
其自身本來的如來藏眞心爲本因。

5. 佛土和佛身

從以上討論可見，慧遠以爲修行者在成佛時感得佛土；而本書上
章討論慧遠的佛陀思想，又提到慧遠以爲修行者在成佛時證得佛身。
對佛土跟佛身的關係，《大乘義章》〈淨土義〉第四「約身明土」一
門有如下說明：

言「本末」者，隨相言之，身報依土；窮實論之，國土依身。故
《花嚴》云：「寶花雲香諸莊嚴具，皆從如來法身中出。」又彼
亦言：「三世劫數及諸佛刹，於一佛身一切悉現。」㉖

這裡指出要是從表面事相看，佛身居於佛土中，依於佛土而活動；故
是佛土爲本，佛身爲末。但究實而論，正如《華嚴經》所說，三世所
有佛土及其嚴飾，皆是出於法身，爲法身所變現；故是佛身爲本，佛
土爲末。

本書上章論及慧遠把佛身區分爲法身佛、報身佛、應身佛三種。

㉕　《大正藏》卷44，頁837下。

㉖　同上註，頁836下。

法身佛為眾生所本具的法性,在去除煩惱後,得以顯現,從而成就的體;報身佛為法佛體酬報清淨因行,從而變現的相好莊嚴之身;應身佛為法佛體順應其教化的眾生的根性,從而示現的各種身。《大乘義章》分別把法性、實報、圓應三種佛土,跟這三種佛身比配:

> 總相論之,三身一身,三土一土,以一佛身依一佛土。隨義別分,用彼三身,別依三土:法性之身依法性土,實報之身依實報土,應化之身還依應土。❷❼

這裡分「總」「別」兩方面,把三種佛身跟三種佛土比配;指出要是總合三佛身為一佛身,總合三佛土為一佛土,則是一種佛身對應一種佛土;要是別分一佛身為三佛身,別分一佛土為三佛土,則是法身佛對應法性土,報身佛對應實報土,應身佛對應圓應土。

6.佛土和凡土

《大乘義章》〈淨土義〉第五「凡聖有無」一門,提到對於佛土、凡土為有為無的問題,有各種不同說法:例如竺道生主張諸佛無土,凡夫有土,諸佛在教化眾生時,應現住於凡土中。鳩摩羅什則主張諸佛有土,凡夫無土,諸佛順應其所教化眾生的需要,於一佛土,作出各種示現。還有人主張諸佛和凡夫皆有土,他們各自依於其所造不同的業因,住於不同的淨土果中。《大乘義章》以為這三種說法其實是相通,不可偏取:它指出要是「攝實從相」,專就凡夫事相界的

---

❷❼ 《大正藏》卷44,頁836下。

層面看，是凡夫有土，諸佛無土；要是「攝相從實」，專就諸佛實相界的層面看，是諸佛有土，凡夫無土；要是「分相異實」，把凡夫事相界和諸佛實相界分開來看，是凡夫和諸佛皆有土。要注意是《大乘義章》雖然對偏取三種說法同樣反對，但其批評的矛頭，則集中於偏取第一種說法者身上，斥之爲「謗佛果德，其罪至重」，❷❽語氣異常嚴厲，可見它對「無佛土」的說法，尤其反感。另一方面，它在上文分析淨土種類時，肯認有凡夫的事淨土和佛陀的眞淨土的存在，並一一標舉其不同的行因，表現出近似第三種說法的觀點。❷❾

(二)淨影慧遠的彌陀淨土觀

以上根據《大乘義章》的〈淨土義〉一科，綜述慧遠淨土思想的大要；以下根據慧遠對《大經》和《觀經》的疏釋，闡述慧遠對有關阿彌陀佛的極樂淨土的諸問題所持的意見。

1.阿彌陀佛信仰經典在佛說中的位置

本書第三章討論慧遠的判教思想，指出慧遠把佛陀的經教大別爲「聲聞藏」和「菩薩藏」兩門，前者是爲小乘聲聞人所說，後者是爲

---

❷❽　同上註，頁837中。

❷❾　慧遠的淨土理論，近年吸引到一些學者注意。參閱日置孝彥：〈淨土教の研究(一)：淨影寺慧遠の淨土思想について〉，《金澤文庫研究紀要》第10號（1973年）；望月信亨：《中國淨土教理史》（京都：法藏館，1964年），頁90－98；Kenneth K. Tanaka，前引書。

大乘菩薩人所說。慧遠在《無量壽經義疏》發趾界定《大經》在佛陀教說裡整體的位置，把《大經》判屬「菩薩藏」一門：

> 聖教不同，略要唯二：一、聲聞藏，二、菩薩藏。教聲聞法，名「聲聞藏」；教菩薩法，名「菩薩藏」。……今此經者，二藏之中，菩薩藏收。❸⓿

又本書前論述及慧遠進一步把「菩薩藏」分爲「漸」和「頓」兩類。「漸」一類經是爲「漸入」的大乘修行人設立，這些修行人過去曾學習大乘法，中途退而學習小乘法，後來迴轉再學習大乘法。「頓」一類經是爲「頓悟」的大乘修行人設立，這些修行人一往修習大乘法，久種善根，現今見佛，即時能悟入大乘道。慧遠主張《大經》爲屬「頓」一類：

> 菩薩藏中所立二：一、漸，二、頓。……今此經者，……爲根熟人頓教法輪。云何知頓？此經正爲凡夫人中，厭畏生死，求正定者，教令發心，生於淨土。不從小大，故知是頓。❸❶

引文指出《大經》乃是以厭畏生死之苦，追求正確禪定之道的凡夫爲教授對象，叫他們發心，往生西方極樂淨土，而經內沒有提到這些凡夫是從小乘轉歸大乘，故可知它爲「頓」一類經。

至於《觀經》方面，慧遠同樣判定之爲屬於菩薩藏中「頓」之一類。《觀無量壽經義疏》一開始便稱言《觀經》「乃是菩薩藏收」：

---

❸⓿　卷上，《大正藏》卷37，頁91上－中。

❸❶　同上註。

教別二藏，謂聲聞藏及菩薩藏。……此經乃是菩薩藏收。**㉜**

就把《觀經》歸入菩薩藏中「頓」之一類，疏本有如下解釋：

> 此經是其頓教法輪。何故得知？此經正爲韋提希說，下說韋
> 提是凡夫。爲凡夫說，不從小入，故知是頓。**㉝**

這裡指出《觀經》的直接教授對象爲韋提希王后，**㉞**而韋提希是凡
夫，沒有從小乘歸向大乘的「漸入」經歷。故知此經是「頓」。

從慧遠把《大經》和《觀經》同樣收入菩薩藏之「頓」一類，可
見他認爲阿彌陀佛淨土教學在內容上是純粹大乘性質，不涉小乘成
分。又從慧遠以爲《大經》和《觀經》的教授對象同樣是凡夫，可見
他注意到阿彌陀佛淨土教學把佛法普及化的取向。

2.阿彌陀佛的身位

阿彌陀佛信仰經典的焦點自然是阿彌陀佛。「阿彌陀」爲梵語字
Amitāyus和Amitābha的音譯，意譯分別爲「無量壽」和「無量光」。
據《大經》的記載，過去於世自在王佛在世時，有比丘名法藏。他受
世自在王佛的教化所感動，許下眾多弘大願望；經過長時期修行，累
積功德，其願望得以成就，於十劫前成佛。由於其所成佛的壽命和光

㉜　《大正藏》卷37，頁173上。

㉝　同上註。

㉞　《觀經》記述佛陀應摩揭陀國王后韋提希夫人的請求，示現阿彌陀佛的極
樂世界，並講述往生彼世界的方法。

芒,非算數所能計量,遂有「阿彌陀」之稱號。

慧遠替以歌頌阿彌陀佛之德力爲主旨的《大經》和《觀經》造疏,可見他對阿彌陀佛的重視;而這兩種疏本的一些說話,反映出他對阿彌陀佛之身位的看法。《無量壽經義疏》談到阿彌陀佛的「無量壽」名稱時,說:

> 此佛從其壽命彰名。壽有眞、應:眞即常住,性同虛空;應壽不定,或長或短。今此所論,是應非眞。於應壽中,此佛壽長,凡夫、二乘不能測度,知其限算,故曰「無量」。命限稱「壽」。云何得知是應非眞?如《觀世音及大勢至授記經》說:無量壽佛壽雖長遠,亦有終盡。彼佛滅後,觀音、大勢至次第作佛。故知是應。㉟

《觀無量壽經義疏》亦有一節相似的話:

> 然佛壽命有眞有應,眞如虛空畢竟無盡,應身壽命有長有短。今此所論,是應非眞。故彼《觀音授記經》云:無量壽佛命雖長久,亦有終盡,故知是應。此佛應壽長久無邊,非餘凡夫二乘能測,故曰「無量」。命限稱「壽」。㊱

這兩節話談及阿彌陀佛的壽命,都提到佛的壽命有「應」、「眞」兩種,前者有長短段限,後者爲常住無窮。今觀《大乘義章》〈三佛義〉論法、報、應三種佛身,曾把前兩者合稱爲「眞」身,跟「應」

㉟　卷上,《大正藏》卷37,頁92上。
㊱　《大正藏》卷37,頁173下。

身對擧；❸又觀上引第二節話談到佛壽命之「應」的一種時，用到
「應身壽命」一辭；由是可推知慧遠所謂佛壽命的「眞」和「應」，
前者當是指法身佛、報身佛的壽命，後者當是指應身佛的壽命。以上
所引兩節話都認定阿彌陀佛的壽命爲「應」；並同樣擧出《觀世音菩
薩授記經》的話爲證明，指出此經聲稱阿彌陀佛的壽命有終盡，其後
觀世音和大勢至兩位菩薩相繼他成佛，❸可見阿彌陀佛之壽命雖然甚
爲久遠，但還是有終結的一天。至於「無量壽」的「無量」一辭，根
據第一節話的解釋，是表示「凡夫、二乘不能測度，知其限算」，並
沒有無限量的意思。從慧遠一再表明阿彌陀佛的壽命爲「應」，可見
他以爲阿彌陀佛在三種佛身中，爲屬應身。再者，《觀無量壽經義
疏》把觀佛分爲眞身觀、應身觀兩種，指出《觀經》所陳說的阿彌陀
佛觀，乃是應身觀，這亦顯出阿彌陀佛爲應身佛的看法：

> 無量壽者，是（此經）所觀佛。觀佛有二：一、眞身觀、
> 二、應身觀。觀佛平等法門之身，是眞身觀；觀佛如來共世間
> 身，名應身觀。……今此（經）所論，是應身中麁淨信觀矣。❸

　　慧遠重視阿彌陀佛，唯又取較不實的觀點，視阿彌陀佛爲順應世
間人所顯現的應身佛；這跟日後淨土宗人，自理想的角度，力言阿彌
陀佛爲酬報清淨因行而顯現的報身佛，觀點明顯有異。❹不過也當注

---

❸　參見卷19，《大正藏》卷44，頁838下－839上。

❸　《觀世音菩薩授記經》的話，參見《大正藏》卷12，頁357上－中。

❸　《大正藏》卷37，頁173中－下。

❹　初唐的道綽（562－645），便是顯明例子。他在其《安樂集》卷上力言阿

意，阿彌陀佛乃是法藏比丘修行所證得；而慧遠在註釋《大經》「時法藏比丘攝取二百一十億諸佛妙土清淨之行」一語時，有如下的評語：

> 一人具修無量土行，未來還得無量種土，隨人異現。❹

這裡說法藏比丘因爲具修無量清淨行，故於未來可以隨著應接對象之不同，作不同的示現；而根據慧遠的佛身分類，能作不同示現的佛身，要爲是法身，如是看，上引數語言下之意，是法藏比丘修行所成就的，要爲是法身佛，亦即是眞身；而阿彌陀佛，乃是這法身佛所示現之眾多不同應身佛之一。❹

3. 阿彌陀佛之極樂世界所屬的淨土類別

阿彌陀佛信仰經典在狀述阿彌陀佛的同時，亦用了不少筆墨刻劃

彌陀佛爲壽量無限的應身佛；並解釋《觀世音菩薩授記經》所謂阿彌陀佛滅度，意思是說他「示現隱沒相」，並非表示其壽命有終盡之期。（《大正藏》卷47，頁5下－6上）

❹ 《無量壽經義疏》卷上，《大正藏》卷37，頁103上。

❹ 又慧遠把法藏比丘所許下的眾願分爲三類，其中一類爲「攝法身願」：「於中合有四十八願，義要唯三，……一攝法身願、二攝淨土願、三攝眾生願。」（同上註，頁103中）慧遠既然以爲法藏比丘所許下的願有些是跟成就法身有關，而法藏比丘所許下的願又已全部完成，則慧遠當是認爲法藏比丘所證得的爲法身佛。有關這方面的討論，參見深貝慈孝：〈諸師淨土教の研究──淨影寺慧遠の身土觀〉，《佛教大學研究紀要》第65號（1982年），頁1－22。

阿彌陀佛的居處。根據其描寫，阿彌陀佛的世界乃是法藏比丘所許下的弘願所成就。這世界位處西方，清淨光明如鏡子；其花木樓臺，皆是由眾多珍寶造成，其流泉雀鳥，皆發出歌頌佛法音聲。又這世界沒有地獄、餓鬼、畜生這三種惡趣，生於那裡的眾生都是壽命無量，具足妙相和神通力，並且在追尋真理的道路上永不退轉，最終必得證入涅槃。由於生於阿彌陀佛的世界的眾生沒有眾苦，唯受諸樂，故這世界有「極樂」（sukhāvatī）的稱號。

　　從本章第一部分之論述所見，慧遠根據所證入的眾生的等次，把淨土類別為事、相、真三種；又根據淨土自身的體相和作用，類別之為法性、實報、圓應三種，並依次把它們跟法、報、應三種佛身相配對。本章第一部分在論及第一種淨土分類時，曾指出慧遠把阿彌陀佛的安樂國土歸入「事淨土」一類，以為它是凡夫由修習出世善行所感得的淨土；而在論及第二種淨土分類，當談到圓應土的因時，曾指出慧遠舉出阿彌陀佛所許下的弘願，為圓應土的同類因。慧遠這樣做，顯示出他視阿彌陀佛之弘願所成就的極樂世界為圓應土。這點從他斷定阿彌陀佛為應身佛，亦可推知。

　　慧遠把阿彌陀佛的極樂淨土歸入「事淨土」、「圓應土」這些較低層次的淨土，跟日後淨土宗人主張極樂淨土為實報土，處處強調其崇高性，立場顯然不同。❹還有要注意的，是依慧遠所說，圓應土溯本歸源，乃是法性土和實報土在接應眾生時所有的示現。如是推論，

---

❹　例如道綽便極力主張極樂淨土為報身土，在其《安樂集》卷上說：「今此無量壽國，是其報淨土。由佛願故，乃該通上下，致令凡夫之善並得往生。」（《大正藏》卷47，頁6中）

極樂淨土作爲圓應土，亦當有其所本的法性土和實報土。以下《大乘義章》一節論及應身佛和應土的關係的話，便透露出這意思：

> 爲（教）化，（應土）差別不等。或土隨身，如彌陀佛未成佛前，國土鄙穢，成佛後國界嚴淨。彼佛現居，不定境故。❹

這裡說到爲了教化衆生，圓應土差別不同，並舉出阿彌陀佛的居處爲例，指出阿彌陀佛現時所居的圓應土爲不固定。言下之意，是以爲阿彌陀佛的居處，非限於極樂世界這一種圓應土，還包括其他圓應土。換句話說，阿彌陀佛的居處從其本來說，是法性土和實報土；這法性土和實報土在接應衆生時，示現爲各種不同圓應土；而極樂世界無非是這些圓應土之一。

4. 往生極樂淨土的行因

阿彌陀佛信仰經典把阿彌陀佛的極樂淨土繪畫成一理想世界，從而促使聽受者立志，修諸善行，以求往生這世界。有關往生所需修習的善行，以《觀經》所述最詳細。《觀經》舉出意欲往生極樂淨土者所當修習的「三福」：

> 欲生彼（極樂）國（土）者，當修三福：
> 一者、孝養父母，奉事師長，慈心不殺，修十善業。
> 二者、受持三歸，具足衆戒，不犯威儀。
> 三者、發菩提心，深信因果，讀頌大乘，勸進行者。

---

❹ 卷19，《大正藏》卷44，頁837上。

如此三事，名爲淨業。……此三種業，乃是過去、未來、現在三世諸佛淨業正因。❹

這裡所謂「三福」，是指三種清淨業行：第一種包括孝順父母、尊敬師長等道德性行爲，第二種包括歸依三寶、遵守戒律等持戒行爲，第三種包括發菩提心、深信因果等覺己行爲、與及勸修佛道等覺他行爲。《觀經》又詳述十六種跟極樂淨土有關的觀想，包括觀極樂淨土之方所的「日想」，觀極樂淨土之莊嚴相的「水想」、「地想」、「樹想」等，觀極樂淨土之佛和菩薩的「遍觀一切色身想」、「觀觀世音菩薩色身想」、「觀大勢至色身想」等，與及觀往生極樂淨土之衆生的「上輩生想」、「中輩生想」和「下輩生想」。還有在敘述觀上、中、下三輩往生之想時，《觀經》把三輩的衆生細分爲上品上生、上品中生、上品下生、中品上生、中品中生、中品下生、下品上生、下品中生、下品下生共九品，一一申說其得以往生極樂淨土的行爲，這也關乎往生極樂淨土之行因的問題。例如在談到最高的上品上生衆生時，它說：

> 若有衆生願生彼國者，發三種心，即便往生。何等爲三？一者至誠心、二者深心、三者迴向發願心。具三心者，必生彼國。❹

這裡提到至誠心、深心、迴向發願心這三種心，指出具有這三種心，

---

❹　《大正藏》卷12，頁341下。

❹　同上註，頁344下。

便必定可以往生極樂淨土。如是發這三種心也便是往生極樂淨土的行因。更值得注意是以下《觀經》談及最低劣的下品下生眾生時所說的話：

> 下品下生者，或有眾生作不善業，五逆十惡，具諸不善。如此愚人，以惡業故，應墮惡道，經歷多劫，受苦無窮。如此愚人，臨命終時，遇善知識，種種安慰，爲說妙法，教令念佛。彼人苦逼，不遑念佛，善友告言：「汝若不能念彼佛者，應稱歸命無量壽佛。」如是至心令聲不絕，具足十念，稱南無阿彌陀佛。稱佛名故。於念念中，除八十億劫生死之罪，命終之時，見金蓮花猶如日輪，住其人前。如一念頃，即得往生極樂世界。❹

依這節經文所言，下品下生眾生一生不作善業，具足五逆（殺父、殺母、殺阿羅漢、使佛身出血、破和合僧）和十惡（殺生、偷盜、邪淫、妄語、兩舌、惡口、綺語、貪欲、瞋恚、邪見）諸重罪；他們得遇良友，爲說佛法，勸令念佛，於臨命終前以聲稱念南無阿彌陀佛，至於十念，乃得往生極樂世界。如是看，先前所言及的「三福」、「十六觀」、「三心」等，並非進入極樂淨土的必需條件，僅是聽聞佛法，誠心稱唱阿彌陀佛名號，亦可往生。

慧遠的《觀無量壽經義疏》有一段文字，論述往生極樂淨土的因。在那裡慧遠分述各種往生的法門，首先指出諸大乘經所說的往生的因不一；依《大品般若》所說是空慧；依《涅槃經》所說是修戒、

修施、修慧和護法；依《維摩經》所說是饒益眾生等八種法，依《往生論》所說是禮拜、讚嘆、作願、觀察、迴向這五種門。❹慧遠繼而分四門，統攝《觀經》所陳述諸往生極樂世界的因，說：

> 依此《觀經》，因亦眾多，麁要爲四：
> 一、修觀往生：觀別十六，備如上辨。
> 二、修業往生：淨業有三，亦如上說。
> 三、修心往生：如下文說，心有三種：
> 一者誠心：「誠」謂實也，起行不虛，實心求去，故曰「誠心」。二者深心：信樂慇至，欲生彼國。三者迴向發願之心：直爾趣求，說之爲「願」；挾善趣求，說爲「迴向」。願有二種：一願生彼國、二願見彼佛。……
> 四、歸向故生：如下文說，自雖無行，善友爲說佛、法、僧名，或爲歎說彌陀佛德，或歎觀音、勢至，或歎彼土妙樂勝事；一心歸向，使得往生。於中或念、或禮、或歎、或稱其名，悉得往生。❹

這裡舉出《觀經》所提到的眾多往生極樂世界的方法，爲往生極樂世界的因，並歸納之爲修觀、修業、修心、歸向四門。第一門「修觀」即是修習十六種觀想，慧遠在同書上文稱這十六種觀想爲「定善」，並大別之爲兩類：第一類包括前七種觀想，爲觀極樂淨土的依報；第

---

❹　參見《大正藏》卷37，頁182下－183上。

❹　同上註，頁183上－中。

二類包括後九種觀想，爲觀極樂淨土的正報。⑤第二門「修業」即是修習三福，慧遠在同書上文稱這三福爲「散善」，並指出第一種福爲大乘人和凡夫所共同修習，第二種福爲大乘人和小乘人所共同修習，第三種福爲大乘人所獨自修習。⑤第三門「修心」即是修習上品往生之人所發的三種心，慧遠在這裡對這三種心作出申述，以爲「誠心」是指眞誠地把往生極樂淨土的意願貫徹於實際行爲的心；「深心」是指深切樂求往生極樂世界的心；「迴向發願心」的「發願」是指願求生於極樂世界，得見阿彌陀佛的心，「迴向」是指把自己所作善行指向於完成往生之意願的心。至於第四的「歸向」一門，即是下品人往生的行門：下品人雖然沒有善行，但得到善友爲他們講說佛、法、僧三寶，讚嘆阿彌陀佛及其侍從菩薩、淨土的勝妙，於是一心歸向彼佛，或以心念之，或以身體拜之，或以聲讚嘆之，或以口稱唱其名字，由是悉得往生極樂淨土。

　　從上述《觀無量壽經義疏》對往生極樂淨土的因之論述所見，慧遠所舉出的諸往生的因，全部都是一些實踐行門，可見慧遠視往生爲「自力」修行的結果；跟淨土宗人強調阿彌陀佛的弘願對眾生往生的「他力」作用，側重點明顯有異。⑤又慧遠所舉出的往生行門範圍甚

---

⑤　參見同上註，頁178下。依報與正報，爲過去業行所感得的果報，「正報」指果報正體，「依報」指依於正報而有的依止處所。例如受人間果報者，其正報爲四肢五官，其依報爲家居器物等；受畜生果報者，其正報爲羽毛齒革，其依報爲巢穴等。

⑤　參見同上註，頁178中。

⑤　例如中國淨土宗教學的奠基人物曇鸞（約476－約542），在其《往生論註》啓篇引述龍樹《十住毘婆沙論》難、易兩道之說，指出在混濁時代、

廣，當中有難行的（如上品人所發的「三心」），也有易行的（如下品人
所習的以口稱名）；唯慧遠又跟日後的淨土宗人不一樣，並沒有力求突
出難、易兩道的分別，亦沒有標舉易行道爲末法時代的濟渡良方。❸
還有雖然慧遠肯認以口稱唱阿彌陀佛的名，爲往生極樂淨土的因，但
在他心目中，稱名不過是衆多往生之因的一種；這跟日後淨土宗人特
別強調稱名的意義，推許之爲往生的「正業」，把其他往生方法都說
爲是「助業」，在重視程度上有所不同。❸

　　無佛之世，以「自」己「力」量修行而得不退轉甚困難；唯信靠阿彌陀
　　佛，以「他」所許之願的「力」量爲助而得不退轉爲容易。他又在結篇力
　　勸戒學者信賴他力，勿信自力，說：「愚哉後之學者，聞他力可乘，當生
　　信心，勿自局分也。」（《大正藏》卷40，頁826上－中、844上）

❸　關於淨土宗難、易兩道的對比，參閱前註。前註述及曇鸞以信靠阿彌陀佛
　　及其願力爲易行道，稍後道綽進一步發揮難、易兩道思想，提出「聖道」
　　和「淨土」兩門的說法。「聖道」相當於「難行」一道，包括了傳統小
　　乘、大乘的教說，道理深奧，而且當今去佛之時已久，能實行之者甚少。
　　「淨土」相當於「易行」一道，以專心念佛這簡單行法爲中心，爲現世最
　　可行的往生極樂淨土入路。參閱道綽之《安樂集》卷上，《大正藏》卷47，頁
　　13下。

❸　被後人推尊爲淨土宗第二祖的善導（613－681），論及往生彌陀淨土的行
　　業，舉出以下五種「正行」：
　　(1)一心專讀淨土三經
　　(2)一心專注思想彌陀淨土的莊嚴
　　(3)一心專禮阿彌陀佛
　　(4)一心專稱阿彌陀佛名號
　　(5)一心讚歎供養阿彌陀佛
　　他又把這五種行分爲「正業」「助業」兩類，獨推專念阿彌陀佛名號爲正
　　業。參閱善導的《觀無量壽佛經疏》卷4，《大正藏》卷37，頁272上－中。

5. 往生極樂淨土的眾生

　　阿彌陀佛信仰經典對往生極樂淨土的行因的看法，往往見於其對往生極樂淨土的眾生的狀述。在狀述往生的眾生時，《大經》和《觀經》都對他們作出分類，前者提出「三輩」分類，後者提出「九品」分類。當中「三輩」分類中的「下輩」，爲不能修作功德的人❺❺；而「九品」中的「下下品」人則不但不修作功德，更且犯五逆十惡諸重罪。❺❻今這兩部經把他們都納入往生的眾生的範圍內，充份體現了大乘佛教的慈悲普渡精神。

　　慧遠在論述往生極樂淨土的眾生時，把《大經》的「三輩」分類和《觀經》的「九品」分類相結合，說：

> 彼（《觀經》）中九品，今（《大經》）合爲三：上品三人，合爲上輩；中品三人，合爲中輩；下品三人，合爲下輩。然此三輩人位雖殊，至欲往生，齊須發心求大菩提，專念彼佛，迴向發願，方得往生。❺❼

慧遠指出《大經》所說的三輩包括《觀經》所說的九品，當中上輩即是上三品，中輩即是中三品，下輩即是下三品。慧遠又指出這三輩九品人要是想往生，便得發菩提心，專意念佛，把其心願意向完全集中於往生之事上，言下肯認就算是最卑劣的下輩下品眾生，亦有往生極

---

❺❺　參閱《無量壽經》卷下，《大正藏》卷12，頁272下。

❺❻　參閱《觀無量壽經》，《大正藏》卷12，頁346上。

❺❼　《無量壽經義疏》卷下，《大正藏》卷37，頁107下。

樂世界的可能。

　　慧遠既然認爲三輩分類無非是九品分類的綜合，由是他在申述各品類的往生眾生時，便把注意力集中於九品分類上。慧遠以爲九品中的上三品爲居於種性住階位或以上的大乘人，❺❽中三品爲持守戒律、沒有犯罪的小乘人，下三品爲犯了罪的大乘人：

> 初定其人，麤分爲三，細分有九。麤分三者，謂上、中、下。大乘人中種性已上，說爲上品；小乘人中從凡至聖，持戒無犯，說爲中品；大乘人中外凡有罪，說爲下品。❺❾

關於上三品的大乘人，慧遠有如下申述：

> 上輩有三，所謂上上、上中、上下。大乘人中，四地已上，說爲「上上」。生彼即得無生忍，故無生地。理實於中亦有多時得無生者，經言「即得」，就勝爲言。初、二、三地信忍菩薩，說爲「上中」，經說生彼過一小劫得無生故。……種性、解行，說爲「上下」，經說此人過三小劫，得百法明，到初地故。……前說「上中」經一小劫得無生忍者，就信忍中終處爲語；所說「上下」過三小劫到初地者，就伏忍中始處爲語。❻⓿

---

❺❽　「種性住」爲「六種住」之第一種住。有關「六種住」，參見本章註❻❶和圖表7.1。

❺❾　《觀無量壽經義疏》末，《大正藏》卷37，頁182上。

❻⓿　同上註，頁182上－中。

以上對上三品人的界定，牽涉及「五忍」、「十地」、「六種住」這些關乎大乘菩薩修行進程的分析。從慧遠著作對這三種分析之關係的論述，可歸納出以下的比配表：**❻**

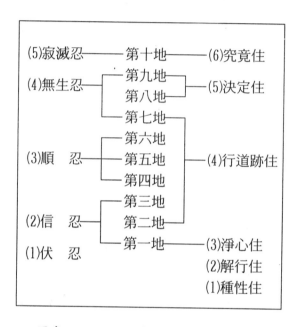

圖表7.1　五忍、十地、六種住比配表

---

❻　「五忍」、「十地」、「六種住」都是菩薩入道階位的分析，分別見於
　　《仁王般若波羅蜜經》、《華嚴經・十地品》和《菩薩地持經》。慧遠曾
　　將「十地」跟「五忍」、「六種住」比配，參見《觀無量壽經義疏》本，
　　《大正藏》卷37，頁179上；《大乘義章》卷11〈人四依義〉，《大正藏》
　　卷44，頁677下－678上。

在上引文裡，慧遠首先指出《觀經》在談及上品上生的人時，說他們在往生極樂淨土後，即時得悟無生法忍；而從無生法忍爲進入第七地的菩薩所證得這點看，則上品上生人當是快要證得第七地的大乘人，亦即是第「四地已上」、第六地以下的大乘人。慧遠繼而引用《觀經》說上品中生人「經一小劫得無生法忍」的話，❷指出上品中生人當是處於離第七地較遠的階位，亦即是第一地至第三地。又從上出圖表看，這些地相等於「五忍」住中的信忍位，故慧遠稱上品中生人爲「信忍菩薩」。至於上品下生人，慧遠以爲《觀經》說他們「經三小劫，……住（第一）歡喜地」，❸可見他們還未進入第一地，是處於十地之前的階段，亦即相當於「五忍」位中的伏忍位、「六種住」中的種性住和解行住。

關於中三品的小乘人的分際，慧遠有如下解說：

> 中輩亦三，所謂中上、中中、中下。分齊何處？小乘人中，前三果人，說爲中上，生彼即得阿羅漢（果）故。……見前已前內、外二凡，精持淨戒，求出離者，說爲中中，經說生彼七日，聞法得須陀洹，過半劫已得羅漢故。……見道已前世俗凡夫，修餘世福，求世離者，說爲中下，經說生彼過一小劫得羅漢故。❹

---

❷　此話參見《大正藏》卷12，頁345上。

❸　同上註，頁345中。

❹　《觀無量壽經義疏》末，《大正藏》卷37，頁182中－下。

慧遠在這裡界定中品上生人，借助了「四果」的觀念。「四果」為小乘修行人所證得的果，它們自下至上，分別為須陀洹果、斯陀含果、阿那含果和阿羅漢果。慧遠根據《觀經》說中品上生人在進入極樂世界後，「應時即得阿羅漢道」的話，❻主張中品上生人為快將證得最終極的阿羅漢果的小乘人，亦即已證得前三果的小乘人。至於中品中生人，《觀經》說他們在進入極樂世界後，「聞法歡喜，得須陀洹，經半劫已成阿羅漢」，❻可見他們仍然未證得第一的須陀洹果，離證得阿羅漢果的階位較中品上生人為遠；由是慧遠遂主張中品中生人為未證得四果的內凡人和外凡人；而根據慧遠，內凡人、外凡人的特點是注重持戒，以求出離生死。關於中品下生人，《觀經》說他們在進入極樂世界後，「過一小劫成阿羅漢」，❻可見他們離證得阿羅漢果的階位比中品中生人又要為遠。由是慧遠遂主張中品下生人為凡夫；而根據慧遠，凡夫的特點是修習可以感得人界、天界福樂的善行，以求出離苦惱。

關於下三品的大乘人，慧遠有如下綜述：

> 下輩亦三，所謂下上、下中、下下。於彼大乘始學人中，隨過輕重，分為三品。未有道位，難辨階阼」❻

根據這裡所言，下三品人為初修習大乘法的修行者，他們之間的上、

---

❻ 此話參見《大正藏》卷12，頁345中。

❻ 同上註。

❻ 同上註，頁345下。

❻ 《觀無量壽經義疏》末，《大正藏》卷37，頁182下。

中、下分別，是按照其先前所犯過失前的輕重而劃分；而不像上三品和中三品人的品次，爲就證道階位的高下來界別。這是由於下三品人還未入道，沒有證道階位可言。

　　慧遠對《觀經》之往生衆生九品分類的解說，把九品分類跟「四果」、「十地」等有關證道階位的傳統佛教觀念連結，明確地界定各品類往生衆生在成佛過程中所達至的階段；日後各《觀經》註釋家處理九品分類這問題，莫不受這方法影響。⑲不過「四果」、「十地」都是一些高層次的階位，慧遠以九品位次比配它們，遂招致判位「太高」的譏評。⑳尤其是淨土宗人，他們力主彌陀淨土教學是爲末世鈍根所設，由是對慧遠把往生衆生品次比配「四果」、「十地」這些小、大二乘賢聖階位的做法，非常不滿，提出了猛烈批評。㉑

　　除了對三輩和九品的分析，慧遠對阿彌陀信仰經典之間的歧義的解釋，亦牽涉到往生極樂淨土的衆生的品類的問題。《觀經》所述的往生衆生中，包括犯五逆十惡這些重罪的下品下生人；而《大經》卻有以下一節話：

　　　　諸有衆生聞其名號，信心歡喜，乃至一念，至心迴向願生彼

---

⑲　有關日後註釋家援用證道階位的觀念，來解說《觀經》的往生衆生九品分類，參閱Kenneth K. Tanaka，前引書，頁90—91。

⑳　例如唐朝迦才《淨土論》卷上說：「如古來大德遠法師等，觀果判人，位則太高。」（《大正藏》卷47，頁87中）

㉑　善導在其《觀無量壽佛經疏》卷1所提出的批評，是典型例子。參見《大正藏》卷37，頁248中－249下。根據善導，《觀經》所教授的十六種觀法，是「但爲常沒衆生，不干大小聖也」。（同上，頁249下）

國，即得往生，住不退轉，唯除五逆、誹謗正法。⑫

經文說眾生祇要對阿彌陀佛起信樂之心，以至一念，亦可往生，唯有犯了五逆、誹謗佛法之罪者除外；言下之意，是認為造五逆罪者不能往生。如是，豈非跟《觀經》之言矛盾？慧遠在《無量壽經義疏》就此有如下解釋：

> 釋有兩義：
> 一、約人分別：人有二種：一者久發大乘心人，遇緣造逆，如闍王等。此雖造逆，必有重悔，發心求出，能滅重罪，爲是得生。《觀經》據此。二者先來不發大心，現造逆罪，多無重悔，不能決定發菩提心，爲是不生。此經據此。
> 二、約行分別：行有定散。有人雖復造作逆罪，能修十六正觀善根，深觀佛德，除滅重罪，則得往生。《觀經》據此。若人造逆，不能修習觀佛三昧，雖作餘善，不能滅罪，故不往生。此經據此。⑬

慧遠分人、行兩方面，解釋《觀經》和《大經》之間的分歧。在人方面，慧遠指出在造五逆的人中，有久遠以來發大乘心者，亦有先前未發大乘心者；前者在造五逆罪後，必會後悔，其後悔的心能消滅重罪，由是前者得以往生；後者在造五逆罪後，多不會後悔，由是便不能往生。《觀經》所說，能往生的造五逆罪眾生，即是前者；《大

---

⑫　《無量壽經》卷下，《大正藏》卷12，頁272中。
⑬　卷下，《大正藏》卷37，頁107中。

經》所說不能往生的造五逆罪眾生，即是後者。在行方面，慧遠指出善行有定、散兩種，前者專指《觀經》所言的十六種觀想，後者泛指「三福」等一般修行方法，❼而前者有除滅重罪，叫人往生極樂世界的作用。如是造五逆罪的人，要是能依《觀經》的訓示，修習十六種觀，便可往生；而《觀經》便是以此為據，宣說造五逆罪者得以往生。至於那些未能修習十六種觀的造五逆罪的人，便不能往生；而《大經》便是以此為據，宣稱造五逆罪者不能往生。以上慧遠的解釋肯認犯五逆罪的人祇要發大乘心，或是修習十六種觀，便得往生。至於是否有犯五逆罪的人，是永遠不會發大乘心，或是永遠不會修習十六種觀，從而永遠不會往生，這點慧遠沒有清楚表明。

　　以阿彌陀佛及其極樂世界為主題的漢譯佛典，除了淨土三部經外，還有相傳為世親所作的《往生論》。此論詳細闡述欲往生者當修習的「五念門」，對阿彌陀佛及其淨土，有精細刻畫，是公認淨土三部經以外的最重要阿彌陀佛信仰經典；不過論中有「女人及根缺、二乘種不生」的偈語，❼似乎主張女人、六根殘缺者及小乘人不能往生極樂世界，跟淨土三部經所說有異。慧遠亦很重視《往生論》，❼對它所提出「二乘種不生」的說法，在《觀無量壽經義疏》有如下解說：

　　　問曰：依如《往生論》中，說二乘種不得往生，此經何故宣說

---

❼　有關定、散兩種善，參閱本章上文「往生極樂淨土之行因」一節的闡述。

❼　參見《大正藏》卷26，頁231上。

❼　有關慧遠重視《往生論》，參見Kenneth K. Tanaka，前引書，頁48－51和頁63。

中輩學小得生？

釋言：彌陀菩薩正處，唯修小行，不得往生，要由乘終發菩提
心，種大乘種，方乃得生。……彼《往生論》據終爲言，故説
二乘種子不生；此經就始，故説中輩學小得生。**⑦**

這解説假設有人提問：爲何《往生論》説二乘種不得往生，而《觀
經》所舉出的往生九品人中之中三品人爲學習小乘法的人，但《觀
經》卻説他們可以往生？慧遠的答覆指出阿彌陀佛所在之處並非修習
小乘法者所能進入，小乘人最「終」要發菩提心，種下大乘種子，方
能往生。今《往生論》説二乘種不得往生，便是要表明要是小乘人到
最「終」還是不發菩提心，他們便不能往生。至於《觀經》説學習小
乘法的中三品人可以往生，則是就開「始」爲言；蓋小乘人「開」始
時習行小乘道，並不排除他們會於將來發菩提心，轉習大乘道，從而
得以往生。慧遠這答覆引入「終」「始」的區別，化解《往生論》
和《觀經》在小乘人往生的問題上的分歧，明確地肯認小乘人祇要最
「終」能歸心大乘，便得以往生。慧遠在《觀無量壽經義疏》繼而這
樣處理《往生論》「女人及根缺不生」的判語：

問曰：依如《往生論》中，宣説女人、根缺不生。此經宣説韋
提希等五百侍女同皆往生。是義云何？

釋言：論説女人、根缺不得生者，就後爲言。生彼國者，淨報
離欲，故無女人；身報精上，故無根缺。若論此（經）者，但

---

⑦ 《大正藏》卷37，頁184中。

有善心，一切不簡。⓻⓼

這裡假設上文的發問者繼續追問何以《往生論》說女人和六根殘缺者不得往生，而《觀經》卻預言韋提希皇后及其五百侍女於未來往生極樂世界。⓻⓽慧遠的答覆指出《觀經》持「但有善心，一切不簡」的觀點，以為祇要有善心便可以往生，此外不作簡別，故此《觀經》並不排除女人和根缺者可以往生。至於《往生論》謂「女人及根缺不生」，這是就往生之「後」的情況說：蓋極樂淨土的眾生是清淨的果報，沒有欲望，因此不會是女人；又極樂淨土是精妙之地，因此那裡的眾生不會是六根殘缺。如是看，《往生論》其實並沒有否認極樂淨土的眾生在往生「前」，可以是女人和六根殘缺者，故跟《觀經》的立場沒有矛盾。

綜觀以上的討論，可見慧遠把往生極樂淨土眾生之外延盡量擴闊：最上包括證得第六地這大乘賢聖階位的修行者；最下包括造五逆十惡之重罪者，與及女性和肢體殘缺那些在古代社會普遍受到歧視的人。在把往生眾生的外延向上推展方面，慧遠的做法無疑是跟淨土宗人有別；但是仕把往生眾生的外延向下推展方面，慧遠採取的進路則是跟淨土宗人相同。⓼⓪又慧遠標舉「但有善心，一切不簡」為《觀

⓻⓼　同上註。

⓻⓽　《觀經》的預言，見《大正藏》卷12，頁346上－中。

⓼⓪　例如善導便一再申言小乘人和犯五逆罪、誹謗正法者皆得往生。參閱其《觀無量壽佛經疏》卷1和卷4，《大正藏》卷37，頁249上－中和頁277上－中。

經》的宗旨，顯示他對阿彌陀信仰的普濟精神，有深切體會。[81]

---

[81] 近人有關淨影寺慧遠的彌陀淨土觀的論著，除了上文一再提到的 Kenneth K. Tanaka 的 *The Dawn of Chinese Pure Land Buddhist Doctrine* 一書外，還有望月信亨：《中國淨土教理史》，前引書，頁98－103；與及深貝慈孝：〈淨影寺慧遠の阿彌淨土觀〉，《佛教大學研究紀要》第55號（1971年）；均具參考價值。

結　論

　　本書共分七章，對淨影慧遠思想的背景和內容，作出重點闡釋。
第一章介紹淨影慧遠的生平和著述，作爲往後討論的背景。慧遠生活
於南北朝的中、晚葉，經歷北魏、東魏、北齊、北周、隋共五代的轉
變，遭遇北周武帝滅佛的重大變故。他一生居於北方，早年活躍於鄴
都，晚歲先後定居洛陽、長安兩京，期間曾兩度回故鄉高都講學，並
在北周滅佛時歸隱汲郡的西山。慧遠首先在北齊時以其深廣學問，在
佛教界嶄露頭角；其後在北周時不惜身命，抗辯武帝滅佛之議，從而
贏得大衆敬仰。有隋一代，他深受僧衆和帝室推仰，在其門下習學者
常數百人；隋文帝慕其高風，邀請駐錫長安首屈一指的大興善寺，委
任爲監管譯事的十大德。在師承方面，慧遠的主要老師曇隱和法上，
均爲地論學大家慧光的高弟；又慧遠晚年親臨曇遷講席，聽受攝論學
說。地論學和攝論學爲南北朝時代之重要學系，前者流行北方，後者
流行南方，代表了早期中國瑜伽行教學；而慧遠集兩者之教於一爐。
現存地論學和攝論學的資料多爲斷片，且有疑點，從而慧遠的著作，
便成爲當今研究早期中國瑜伽行思想的最可靠根據。現存慧遠著作共
有十種，當中九種爲經論註解，餘下一種《大乘義章》，是一本具有
百科全書性質的大乘教學介紹書，分二百餘科，廣集衆經論對各主要
佛教課題的意見，作出分析、整理和會通，並標示自家的觀點，乃是
研究慧遠思想，以至研究早期中國瑜伽行思想的最重要文獻。本書其

後各章的論說，便都以《大乘義章》爲主要參考。

　　淨影慧遠所承習的地論學和攝論學，爲印度瑜伽行教學在中國早期的延展；而瑜伽行思想的最大特點，是它重視心識問題，以本識和唯識觀念爲本據，替業報、流轉還滅、緣起性空等基本佛教教說，提供系統的理論說明。影響所及，慧遠亦甚注重探討心識，其心識思想可說是其整體思想的主線。本書第二章對慧遠的心識學說，作出全面分析。由於慧遠的心識學說兼有瑜伽行教學和如來藏教學兩方面的來源，故本章首先分別根據《攝大乘論》和《大乘起信論》，勾畫這兩系心識教說，顯示兩者在心識的類別、本識的染淨性、以至在熏習、流轉還滅等跟心識相關問題上立說的異同，爲下文提供討論綱領。本章繼而分析慧遠於上述各問題所持的見解。分析顯示慧遠在這些問題上，基本採納如來藏典籍的說法。在心識類別方面，他舉出《楞伽經》的八識分類爲正義。在本識染淨方面，他接受如來藏教學的心性本淨看法，跟瑜伽行教學偏重說示本心的迷染性殊異。在熏習問題方面，他採用《起信論》的染淨互熏觀念，跟《攝大乘論》否定染淨互熏的可能有所不同。在流轉還滅問題方面，他以無明熏習爲流轉的主因，以還滅爲眞心本覺性的顯露的結果，同於《起信論》之說，而跟《攝大乘論》約染污種子講流轉，約轉依講還滅，進路基本有別。分析又顯示慧遠在以如來藏典籍的說法爲其心識學說的本位之同時，又企圖對瑜伽行的說法作出涵攝；而由於兩系的觀點分歧甚大，加上慧遠的涵攝往往又止於平排並列，欠缺全體通貫的解釋，從而出現理念混淆，給人理路不明的印象。這其實也是慧遠在處理心識以外各重要佛教課題時往往表現的缺點。本章最後申述慧遠對「三性」這重要瑜伽行觀念所作的改造，把這原意在說示存在性相的觀念，解釋爲彰表

不同層面心識關連的學說。

慧遠時代的佛教界，判教風氣盛行，出現了各種佛教經典和佛教教義的分類系統，反映時人對構成佛教教學傳統的各主要成分的關係，孰輕孰重，孰本孰末，持有不同看法。本書第三章縷述慧遠的判教主張，顯示他對佛教教學傳統各成分的觀感和態度。這章從慧遠對時人的判教學說的批評開始談起。慧遠或以沒有經典說話支持、或以所攝教義不周遍、或以未能正視佛說的方便本意爲理由，對諸家判教分類作出抨擊，其立論反映了其所持的判教標準。本章繼而闡析慧遠所出的判教分類。就佛教經典方面，慧遠提出「聲聞藏」和「菩薩藏」這兩門分類，前者爲對小乘聲聞人所說，後者爲對大乘菩薩人所說。他又約菩薩悟道有「漸入」和「頓入」的分別，進一步把菩薩藏經典分爲「漸」、「頓」兩種。慧遠承襲了大乘教學的排抑小乘、褒揚大乘的態度，對聲聞藏的小乘經典加以貶抑；唯他又跟其時的許多大乘學者不一樣，沒有進一步於菩薩藏的大乘經典中辨別深淺優劣，而採取等視所有大乘經的立場。就佛教教義方面，慧遠提出「立性宗」、「破性宗」、「破相宗」、「顯實宗」這四門分類；前二者見於聲聞藏經典，爲小乘性質；後二者見於菩薩藏經典，屬大乘範圍。又慧遠雖然反對於菩薩藏經典間分辨深淺優劣，卻並不反對在這些經典所陳教義之間分辨深淺優劣，表示上述四宗的排列，是以淺深爲次。慧遠以「顯實宗」爲四宗中義理最深遠者，而顯實宗所發明者，要爲如來藏眞心變起萬法的道理；這反映慧遠對如來藏眞心思想的推崇，顯示其判教思想的如來藏眞心思想方面的背景。

除了判教，二諦也是慧遠時代的流行佛教思想課題。本書第四章闡析慧遠的二諦思想。慧遠討論二諦，是以上章所述的「四宗」判教

分類為綱領，把各種主要二諦說法大別為四種，逐一分述其特點；其中所及顯實宗的一種，顯然是代表他自身的立場。他又把顯實宗所提出二諦之間的關係，分為「依持」和「緣起」兩方面，作出說明；承認從「依持」方面看，顯實宗所出的眞諦，跟俗諦是有「不即」的地方。而這「不即」，正是常途批評如來藏思想為眞俗隔別，未能完全體現佛教的圓融精神的主要理據所在。

　　以上兩章的討論，顯示慧遠在處理判教和二諦的問題時，貫徹了如來藏眞心思想。這點在慧遠對佛性這另一重要大乘佛教思想課題的解說，表現最為明顯。本書第五章申析慧遠的佛性思想。慧遠分「種子因本」、「體」、「不改」、「性別」四方面，申釋「佛性」一辭中的「性」一字的涵義；而從其申釋所見，其所理解的佛性，要為如來藏眞心所本具那覺性。慧遠就這覺性的「隨緣」方面所起的分別，劃分佛性為「染」和「淨」兩門；就這覺性既有「隨緣」又有「廢緣」方面，劃分佛性為「用」和「體」兩門；就這覺性既有局限於有情又有兼通於無情方面，劃分佛性為「能知性」和「所知性」兩門；就這覺性在廢緣時所顯現形態的不同，劃分佛性為「法佛性」和「報佛性」兩門。他又提出「不善陰」、「善五陰」、「佛果陰」、「理性」四門佛性分類，指出要是約第一、第四兩門，可謂一闡提有佛性，要是約第二、第三兩門，可謂一闡提無佛性，從而會通大乘《涅槃經》〈前分〉的一闡提無佛性和〈後分〉的一闡提有佛性這兩種矛盾說法。慧遠亦對當時流行的「因」、「因因」、「果」、「果果」、「非因非果」五門佛性分類，作出說明，認為其中「非因非果」一門為表「理性」，亦即覺性自體。慧遠還對當時具爭議性的佛性問題，包括「正因佛性」一辭的涵義、佛性為眾生所本有還是始

有、一闡提是否具有佛性,從如來藏思想的立場出發,作出檢討。在正因佛性問題上,慧遠配合「法佛性」、「報佛性」兩門佛性分類,指出法佛性及法身佛的正因,報佛性乃報身佛的正因;並以眾生本具覺性爲理由,解釋《涅槃經》眾生爲正因佛性的說法。在本有始有的問題上,慧遠表示要是從「因」的角度觀佛性,眾生原來具有覺性,跟佛的覺性一體無別,故可說眾生本有佛性;要是從「果」的角度觀佛性,眾生原來具有的覺性現時爲煩惱所覆蓋,要經過消除煩惱工夫,方能顯現,故可說眾生始有佛性。在一闡提是否具有佛性的問題上,他強調一闡提具有「理性」,可於當來成佛;又不但如此,他還根據佛性有「所知性」方面,與及佛性的「理性」方面爲該通一切法,主張甚或山河大地這些非情之物,亦可說具有某一義的佛性。本章最後述及慧遠所示會通「佛性」和「性空」這兩大大乘教說之道,當中涉及佛性教說在佛陀整體教說中的位置的問題。

成佛乃是大乘教學的最究極目標,而對這目標的申析,要爲大乘佛教理論的中核。本書第六章探究慧遠的佛陀理論。從慧遠對「佛」一名的界定,可見慧遠把成佛理解爲本具覺性在去除煩惱後顯露的事情。對於由覺性顯露所成就的佛,慧遠根據《十地經論》所提出的法、報、應三種佛身分類,對其存在狀態作出說明。又在慧遠的時代,對佛身是色法或是心法、佛身是眾生所本有或是始有,流傳著各種說法。慧遠對這些問題,一一提出他的看法。於佛身是色法或是心法的問題,慧遠表示三種佛身既有色的一面,亦有心的一面,亦有非色非心的一面;於佛身是眾生所本有或是始有的問題,慧遠指出三種佛身既有其可說爲眾生本有的地方,亦有其可說爲眾生始有的地方。

成佛除了關乎佛身的證得,也關乎佛土的證入;而佛土跟凡夫的

國土不同,是完全清淨,故中國佛教徒往往稱之爲「淨土」。本書第七章闡述慧遠的淨土思想,包括他對「淨土」一辭的理解,他對各種淨土所作的分類,他所說示各類淨土的成因等。又在其所提出的各種淨土分類中,慧遠最重視者,要爲「法性土」、「實報土」、「圓應土」這三門分類;它們分別爲法、報、應三種佛身所依的土,以「法性」爲本因;而慧遠所謂「法性」,無非是指一切衆生所本具那如藏真心。

　　根據大乘佛經所言,宇宙裡有無量數的佛,各有他們所居的淨土。在這無量數的淨土中,在中國最廣受注意者,要爲阿彌陀佛所居的西方極樂淨土;對作爲極樂淨土的本佛的阿彌陀佛的身位、極樂淨土所屬的佛土類別、往生極樂淨土的本因、往生極樂淨土的衆生的品類等問題,流傳著衆多不同說法;還出現以往生極樂淨土爲旨趣的學派,稱爲淨土宗。慧遠曾爲《無量壽經》和《觀無量壽經》這兩種以阿彌陀佛和其極樂世界爲主題的佛典造註,當中處理到上述的問題;其所提出的意見,對後世有重要啓導作用;因此本書第七章亦對它們作出說明,並把它們跟日後淨土宗人所持者加以比較。從分析所見,慧遠採較平實觀點,把阿彌陀佛及其極樂淨土分別說爲是順應凡夫需要而顯現的應身佛和圓應土;這跟淨土宗人自理想角度,力言兩者分別爲酬報歷劫所修清淨因行而成就的報身佛和實報土,有所不同。又慧遠在講到往生極樂淨土的本因時,舉出了修觀、修業等行門,顯示他視往生極樂淨土爲自力修行的成果;這跟淨土宗人強調阿彌陀佛的弘願對往生極樂淨土的他力作用,也有分別。還有慧遠在談及往生極樂淨土的九品衆生時,把小、大二乘的賢聖,亦歸入其中;這跟淨土宗人聲稱阿彌陀的淨土法門是「但爲常沒衆生,不干大、小聖也」,

●亦顯然有異。唯慧遠把往生極樂淨土眾生的外延，向下推展，把女人、根缺者、以至犯五逆十惡等重罪者，亦包括在可往生極樂淨土的眾生的範圍內，在發揚大乘教學的慈悲普渡精神這最重要地方，則跟淨土宗人是完全一致的。

　以上七章除了第一章背景介紹外，其餘六章都是以《大乘義章》為主要根據，旁參慧遠其他著作，對慧遠思想的要點，作出析述。從析述所見，慧遠承襲了佛教論書的論理方式，注重觀念界定和分類；又以會通經論眾說為務，喜作理念排比；其設論有濃厚的學究氣味，給人蕪雜繁瑣的感覺。不過其教學的整體路向，是十分清晰；這便是以如來藏思想為本，對佛教各主要課題重新作出檢討，對佛教各學系的主要教說作出判別和改造。其所提出的主張雖說不上特別深入，但總算觀點一貫，表現出一定的識見，對推動如來藏思想在中國的發展，作出重要貢獻，是不可忽視的。

● 參閱本書第七章註❼。

參 考 書 目

㈠工具書（以作者姓名筆劃爲次）：

中村元：《佛教語大辭典》（東京：東京書籍株式會社，1975年）。

韋政通（編）：《中國哲學辭典大全》（臺北：水牛出版公司，1983年）。

慈怡（主編）：《佛光大辭典》（高雄：佛光出版社，1988年）。

望月信亨：《佛教大辭典》（東京：望月佛教大辭典發行所，1931－1936年）。

陳垣：《釋氏疑年錄》（北京：中華書局，1964年）。

鎌田茂雄（編）：《中國佛教史辭典》（東京：東京堂出版，1981年）。

㈡大藏經（以書名筆劃爲次）：

《大正新修大藏經》，高楠順次郎、渡邊海旭（編）（東京：大正一切經刊行會，1924－1934年）。

《續藏經》（香港：香港影印續藏經委員會，1967年）。

㈢漢譯佛典（以書名筆劃爲次）：

《大方廣佛華嚴經》（六十卷），（東晉）佛馱跋陀羅譯，《大正藏》卷9。

《大乘起信論》，（陳）眞諦譯，《大正藏》卷32。

《大般涅槃經》（四十卷），（北涼）曇無讖譯，《大正藏》卷12。

《大智度論》，龍樹造，（後秦）鳩摩羅什譯，《大正藏》卷25。

《合部金光明經》，（隋）寶貴合，《大正藏》卷16。

《妙法蓮華經》，鳩摩羅什譯，《大正藏》卷9。

《究竟一乘寶性論》，（北魏）勒那摩提譯，《大正藏》卷31。

《佛說無量壽經》，（曹魏）康僧鎧譯，《大正藏》卷12。

《佛說觀無量壽經》，（劉宋）畺良耶舍譯，《大正藏》卷12。

《無量壽經優波提舍》（《往生論》），世親造，（北魏）菩提流支
  譯，《大正藏》卷26。

《菩薩地持經》，曇無讖譯，《大正藏》卷30。

《勝鬘師子吼一乘大方便方廣經》，（劉宋）求那跋陀羅譯，《大正
  藏》卷12。

《楞伽阿跋多羅寶經》，求那跋陀羅譯，《大正藏》卷16。

《解深密經》，（唐）玄奘譯，《大正藏》卷16。

《維摩詰所說經》，鳩摩羅什譯，《大正藏》卷14 。

《增一阿含經》，（東晉）僧伽提婆譯，《大正藏》卷2。

《摩訶般若波羅蜜經》，鳩摩羅什譯，《大正藏》卷16。

《雜阿含經》，求那跋陀羅譯，《大正藏》卷2。

《轉識論》，世親造，（陳）眞諦譯，《大正藏》卷31。

《攝大乘論》，無著造，玄奘譯，《大正藏》卷31。

《顯識論》，眞諦譯，《大正藏》卷31。

《觀世音菩薩授記經》，（劉宋）曇無竭譯，《大正藏》卷12。

㈣古代漢語佛教論著（以作者姓名筆劃爲次，同一作者著作以書名筆劃爲次）：

（隋）吉藏：《大乘玄論》，《大正藏》卷45。

————————：《勝鬘經寶窟》，《大正藏》卷37。

（日本）珍海：《三論玄疏文義要》，《大正藏》卷70。

（唐）善導：《觀無量壽佛經疏》，《大正藏》卷37。

（隋）智顗：《妙法蓮華經玄義》，《大正藏》卷33。

（唐）道宣：《續高僧傳》，《大正藏》卷50。

（新羅）圓測：《解深密經疏》，《續藏經》卷34。

（唐）道綽：《安樂集》，《大正藏》卷47。

（隋）慧遠：《十地經論義記》，《續藏經》卷71。

————————：《大乘起信論義疏》，《大正藏》卷44。

————————：《大般涅槃經義記》，《大正藏》卷37。

————————：《大乘義章》，《大正藏》卷44。

————————：《地持論義記》，《大正藏》卷61。

————————：《溫室經義記》，《大正藏》卷39。

————————：《無量壽經義疏》，《大正藏》卷37。

————————：《勝鬘經義記》，《續藏經》卷30。

————————：《維摩義記》，《大正藏》卷38。

————————：《觀無量壽經義疏》，《大正藏》卷37。

（唐）澄觀：《大方廣佛華嚴經疏》，《大正藏》卷35。

（北魏）曇鸞：《無量壽經優婆提舍願生偈說》（《往生論註》），
《大正藏》卷40。

㈤近代中、日文論著（以作者姓名筆劃爲次，同一作者著作以標題筆劃爲次）：

小川一乘：《如來藏佛性の研究》（京都：文榮堂書店，1969年）。

————：《佛性思想》（京都：文榮堂書店，1982年）。

小川弘貫：《中國如來藏思想研究》（東京：中山書房，1976年）。

水谷幸正：〈一闡提考〉，《佛教大學研究紀要》第40號（1961年）。

————：〈如來藏と佛性〉，《佛教大學學報》第31號（1956年）。

————：〈佛性について〉，《印度學佛教學研究》第4卷第2號（1956年）。

日置孝彦：〈淨土教の研究㈠：淨影寺慧遠の淨土思想について〉，《金澤文庫研究紀要》第10號（1973年）。

————：〈淨影寺慧遠教學の研究——眞俗一諦について〉，《曹洞宗研究員研究生研究紀要》第5號（1973年）。

平川彰：〈淨土思想の成立〉，收入氏著：《平川彰著作集（第7卷）：淨土思想と大乘戒》（東京：春秋社，1990年）。

田村芳朗：〈三種の淨土觀〉，收入日本佛教學會（編）：《佛教における淨土思想》（京都：平樂寺書店，1977年）。

布施浩岳：《涅槃宗の研究》（東京：國書刊行會，1942年）。

安井廣濟：《中觀思想の研究》（京都：法藏館，1961年）。

吉田道興：〈中國南北朝、隋、唐初の地論、攝論の研究者達——《續高僧傳》における傳記一覽表〉，《駒澤大學佛教學部論集》第5號（1974年）。

————：〈中國地論、攝論研究者の動向〉，《駒澤大學大學院佛

教學研究會年報》第8號（1974年）。

牟宗三：《佛性與般若》（臺北：學生書局，1977年）。

吉津宜英：〈大乘義章八識義研究〉，《駒澤大學佛教學部研究紀要》第
　30號（1972年）。

————：〈地論師という呼稱について〉，《駒澤大學佛教學部研
　究紀要》第31號（1973年）。

————：〈淨影寺慧遠の「眞識」考〉，《印度學佛教學研究》第
　22卷第2號（1974年）。

————：〈淨影寺慧遠の教判論〉，《駒澤大學佛教學部研究紀要》第
　35號（1977年）。

————：〈經律論引用より見た《大乘義章》の性格〉，《駒澤大
　學佛教學部論集》第2號（1971年）。

————：〈慧遠の佛性緣起說〉，《駒澤大學佛教學部研究紀要》
　第33號（1975年）。

————：〈慧遠の《起信論疏》をめぐる諸問題（上）〉，《駒澤
　大學佛教學部論集》第3號（1972年）。

————：〈慧遠《大乘起信論義疏》の研究〉，《駒澤大學佛教學
　部研究紀要》第34號（1976年）。

印順：《如來藏之研究》（臺北：正聞出版社，1981年）。

——：《初期大乘佛教之起源與開展》（臺北：正聞出版社，1981年）。

辻森要修：〈大乘義章解題〉，收入岩野眞雄（編）：《國譯一切經
　和漢撰述部：諸宗部》第13冊（東京：大東出版社，1944年）。

西義雄：〈眞俗二諦說の構造〉，收入宮本正尊（編）：《佛教の根
　本眞理》（東京：三省堂，1957年）。

任繼愈（編）：《中國佛教史》第3卷（北京：中國社會科學出版社，
　1988年）。

坂本幸男：《華嚴教學の研究》（京都：平樂寺書店，1956年）。

村田常夫：〈地論師の教判に於ける頓教論〉，《印度學佛教學研究》第
　7卷第2號（1959年）。

呂澂：《中國佛學源流略講》（北京：中華書局，1979年）。

佐藤哲英：〈淨影寺慧遠とその無我義〉，《佛教學研究》第32、
　33號（1977年）。

屈大成：《大乘〈大般涅槃經〉研究》（臺北：文津出版社，
　1994年）。

河村孝照：〈大乘涅槃經における菩薩道〉，收入西義雄（編）：
　《大乘菩薩道の研究》（京都：平樂寺書局，1968年）。

──────：〈佛性・一闡提〉，收入平川彰等（編）：《講座大乘佛
　教6：如來藏思想》（東京：春秋社，1982年）。

柏木弘雄：《大乘起信論の研究》（東京：春秋社，1981年）。

荒牧典俊：〈南朝前半期における教相判釋の成立について〉，收入
　福永光司（編）：《中國中世の宗教と文化》（京都：京都大學人
　文科學研究所，1982年）。

望月信亨：《中國淨土教理史》（京都：法藏館，1964年）。

深貝慈孝：〈淨影寺慧遠の淨土觀──心識說との關係について〉，
　《佛教大學人文學論叢》第9號（1975年）。

──────：〈淨影寺慧遠の彌陀淨土觀〉，《佛教大學研究紀要》第
　55號（1971年）。

──────：〈諸師淨土教の研究──淨影寺慧遠の身土觀〉，《佛教

大學研究紀要》第65號（1982年）。

陳沛然：《竺道生》（臺北：東大圖書有限公司，1988年）。

常盤大定：《佛性の研究》（東京：明治書院，1944年）。

勝又俊教：《佛教における心識說の研究》（東京：山喜房佛書林，
　　1961年）。

湯用彤：《漢魏兩晉南北朝佛教史》（北京：中華書局，1983年）。

廖明活：〈淨影寺慧遠的心識思想〉，《中國文哲研究集刊》第3期
　　（1993年）。

橫超慧日：〈中國佛教に於ける大乘思想の興起〉，收入氏著：《
　　國佛教の研究》第1（京都：法藏館，1958年）。

————：〈教相判釋の原始形態〉，收入氏著：《中國佛教の
　　第2（京都：法藏館，1971年）。

————：〈慧遠と吉藏〉，收入氏著：《中國佛教の研究
　　（京都：法藏館，1979年）。

賴永海：《中國佛性論》（上海：上海人民出版社，1988年

篠田正成：〈佛性とその原語〉，《印度學佛教學研究》第
　　號（1963年）。

鍵主良敬：〈《大乘義章》に於ける虛妄識について〉，
　　教學研究》第14卷第2號（1966年）。

————：〈淨影寺慧遠の如來藏思想〉，《印度學佛教
　　10卷第2號（1962年）。

韓鏡清：〈淨影八識義述〉，收入張曼濤（編）：《
　　㈡，《現代佛教學術叢刊》第26冊（臺北：大乘文
　　年）。

鎌田茂雄：《中國佛教史》第3、第4卷（東京：東京大學出版會，
　　1984年、1990年）。

————：〈淨影寺慧遠の思想〉，收入氏著；《中國佛教思想史研
　　究》（東京：春秋社，1968年）。

————：《華嚴五教章》（東京：大藏出版社，1979年）。

————（著）、鄭彭年（譯）：《簡明中國佛教史》（上海：上海
　　譯文出版社，1986年）。

織田顯祐：〈淨影寺慧遠における「依持と緣起」の背景につい
　　て〉，《佛教學セミナー（大谷大學）》第52號（1990年）。

————：〈華嚴一乘思想の成立史的研究——地論宗教判史より見
　　た智儼の教學〉，《華嚴學研究》第2號（1988年）。

藍吉富：《隋代佛教史述論》（臺北：臺灣商務印書館，1974年）。

藤田宏達：《原始淨土思想の研究》（東京：岩波書店，1970年）。

藤隆生：〈中國初期唯識說の問題點〉，《龍谷大學佛教文化研究所
　　紀要》第22號（1963年）。

藤謙敬：〈佛教の教授原理としての二諦說〉，《印度學佛教學研究》
　　第3卷第1號（1954年）。

釋恆清：〈大乘起信論的心性論〉，《臺大哲學論評》第12期
　　（1989年）。

————：〈《大般涅槃經》的佛性論〉，《佛學研究中心學報》第 1
　　期（1996年）。

㈥英文論著：

Liu, Ming-Wood, "The advent of the practice of *p'an-chiao* in Chinese Buddhism," *Journal of Oriental Studies*, vol 26 no.1（1988）.

——————, "The doctrine of Buddha-nature in the Mahāyāna *Mahāparinirvāṇa-sūtra*," *Journal of the International Association of Buddhist Studies*, vol.5 no.2（1982）.

——————, "The early development of the Buddha-nature doctrine in China." *Journal of Chinese Philosophy*, vol. 16 no.1（1989）.

——————, "The problem of the *icchantika* in the Mahāyāna *Mahāparinirvāṇa-sūtra*," *Journal of the International Association of Buddhist Studies*, vol.7 no.1（1984）.

Paul, Diana Y., *Philosophy of Mind in Sixth-Century China*（Stanford: Stanford University Press, 1984）.

Tanaka, Kenneth K., *The Dawn of Chinese Pure Land Buddhist Doctrine*（Albany: State University of New York Press, 1990）.

索　引

一劃

二劃

三劃

五劃

六劃

七劃

八劃

國家圖書館出版品預行編目資料

淨影慧遠思想述要

廖明活著.— 初版.— 臺北市：臺灣學生，1999[民 88]

ISBN 957-15-0980-9(精裝)
ISBN 957-15-0981-7(平裝)

1.(晉)釋慧遠 – 學術思想 – 佛教
2.淨土宗

220.92.3   88011618

淨影慧遠思想述要(全一冊)

著　作　者：廖　　　明　　　活
出　版　者：臺　灣　學　生　書　局
發　行　人：孫　　　善　　　治
發　行　所：臺　灣　學　生　書　局
　　　　　　臺 北 市 和 平 東 路 一 段 一 九 八 號
　　　　　　郵 政 劃 撥 帳 號 0 0 0 2 4 6 6 8 號
　　　　　　電　話　：（ 0 2) 2 3 6 3 4 1 5 6
　　　　　　傳　真　：（ 0 2) 2 3 6 3 6 3 3 4
本書局登
記證字號：行政院新聞局局版北市業字第玖捌壹號
印　刷　所：宏　輝　彩　色　印　刷　公　司
　　　　　　中 和 市 永 和 路 三 六 三 巷 四 二 號
　　　　　　電　話：（ 0 2) 2 2 2 6 8 8 5 3

定價：精裝新臺幣二九八元
　　　平裝新臺幣二二八元

西 元 一 九 九 九 年 九 月

臺灣 學生書局 出版

宗教叢書

❶ 嘉祥吉藏學說　　　　　　　　　　　　　　　廖明活著

❷ 莊子宗教與神話　　　　　　　　　　　　　　杜而未著

❸ 中國善書與宗教　　　　　　　　　　　　　　鄭志明著

❹ 明代三一教主研究　　　　　　　　　　　　　鄭志明著

❺ 明代中國佛教之研究　　　　　　　釋聖嚴著，關世謙譯

❻ 唐代的比丘尼　　　　　　　　　　　　　　　李玉珍著

❼ 西域與佛教文史論集　　　　　　　　　　　　許章眞譯

❽ 中國社會與佛教　　　　　　　　　　　　　　鄭志明著

❾ 漢代的相人術　　　　　　　　　　　　　　　祝平一著

❿ 宗教與文化　　　　　　　　　　　　　　　　鄭志明編

⓫ 中國民間諸神　　　　　　　　　呂宗力、欒保群編

⓬ 中國文學與宗教　　　　　　　　　　　　　　鄭志明著

⓭ 游戲三昧：禪的世界與終極關懷　　　　　　　吳汝鈞著

⓮ 中國意識與宗教　　　　　　　　　　　　　　鄭志明著

⓯ 印度佛學研究　　　　　　　　　　　　　　　吳汝鈞著

⓰ 唐前果報系統的建構與融合　　　　　　　　　劉滌凡著

⓱ 淨影慧遠思想述要　　　　　　　　　　　　　廖明活著